対人関係のスキルを学ぶ
ワークブック

平木典子 監修

宮崎圭子・柴橋祐子 共著

培風館

本書の無断複写は，著作権法上での例外を除き，禁じられています。
本書を複写される場合は，その都度当社の許諾を得てください。

監修者のことば

　対人関係スキルを身に着けて生まれてくる人間はいません。人間の赤ん坊は生まれてすぐには横になっているしかないほど未熟で，すべての欲求を泣くことと眠ることで表現します。親はその動きのみを手掛かりに「眠っているから大丈夫」とか，泣くと「どうしたのだろう…？」「お腹が空いたのかな？」「具合が悪いのか？」などと，まず，赤ん坊が生きるための支援の試行錯誤をします。赤ん坊の信号と親の対応が一致するようになると，やがて赤ん坊は欲求に応じた泣き方をし，親もその意味を理解し応えていきます。言葉を使わない対人関係スキルの習得です。

　もちろんその間も，多くの親はさまざまな言葉かけをし，話しかけていますから，子どもは声の調子と言葉を聞き分けるようになり，言葉を覚え，使って自己表現もできるようになり，やり取りはより正確になっていきます。子どもが言葉を使えるようになると，人のコミュニケーションは一変するといってもいいでしょう。

　人間は，生物的－心理的－社会的－精神的－倫理的（bio-psycho-social-spiritual-ethical）な生きものだと言われるように，言葉をただ生き延びるためだけでなく，互いのありようを伝え合い，分かち合って，人間独特の能力を発揮するためにフルに活用します。ただ，私たちが無意識のうちに身に着けたコミュニケーションは，私たちの思いを伝え，意味を分かち合って対人関係を培う働きもしてくれますが，逆に，葛藤や分裂を引き起こして対人関係を危うくすることもあります。

　本書には，私たちがいつの間にか身に着けたコミュニケーションや対人関係上の困難について，アサーションというコミュニケーションの視点から見直し，改善するための知恵とワークが紹介されています。馴染みやすいワークと思わず頷いてしまうカットを楽しみながら，対人関係のスキル・アップをどうぞ！

　2018 年 2 月吉日

平木　典子

はじめに

「智に働けば角が立つ。情に棹させば流される。意地を通せば窮屈だ。とかく人の世は住みにくい。」(『草枕』より)との名文を残したのは，明治の文豪夏目漱石です。この冒頭の部分だけは聞いたことがあるという人も少なくないのではないでしょうか。

長い間，微力ながら心理カウンセリングを生業のひとつとさせて頂いています。たくさんの人にお会いして，つくづく思います。結局は，多くの人が訴えておられることは「人間関係」なのだと。漱石の言う通り，人の世は住みにくいものです。

しかし，漱石は続けます。「人の世を作ったものは神でもなければ鬼でもない。やはり向う三軒両隣りにちらちらするただの人である。ただの人が作った人の世が住みにくいからとて，越す国はあるまい。あれば人でなしの国へ行くばかりだ。人でなしの国は人の世よりもなお住みにくかろう」と。

漱石の傑出した才能に脱帽ですね。その通りです。人の世が住みにくいからといって，行くところは人の世しかないのです。

では，どうしたらいいのでしょう？そうです，私達ができることは，住みにくい人の世の中で，少しでも円滑に生活できるよう工夫することだけです。

本書は，少しでもさわやかな対人関係をつくり，よりよい生き方をしたいと思っている人のためのワークブックです。6つの章からなり，各章には読者の理解を少しでも深めるためのワークを散りばめています。そして，なにより，これを手に取って読んで下さっている「あなた」が，話しかけられているような感じを抱いてもらえるよう，文章スタイル，アバター（カット）を工夫しました。このかわいいアバターは，跡見学園女子大学の大学院生の齋藤悠里さんに描いてもらいました。

さあ，本書でさわやかな対人関係のスキルを身につけましょう。

本書作成に当たって，培風館の近藤妙子さんに多くのご助言とご協力を受けました。この場を借りまして，厚く御礼申し上げます。

最後に，お忙しい中，監修をお引き受けくださった平木典子先生に心から感謝申し上げます。アサーションの草分け的存在の平木先生に監修していただきましたこと，この上なき光栄なことと思っております。

2018 年 1 月

著者代表　宮崎　圭子

目　　次

1章　さわやかな印象を与える自己表現
～自分の気持ちをうまく相手に伝えるために～

1. 現代の対人関係 ・・・・・・・・・・・・・・・・・・・・・・・・・・・・・・・・・・・ 1
　　　ワーク1　　ワーク2

2. さわやかな対人関係を築くために ・・・・・・・・・・・・・・・・・・・・・ 3

3. まずは今までの自分の対人関係のパターンを知ろう！ ・・・・・・・・・ 4
　　　ワーク3　～　ワーク7

4. 自己表現の3つのパターン ・・・・・・・・・・・・・・・・・・・・・・・・・ 9

5. さわやかな自己表現，アサーション登場！ ・・・・・・・・・・・・・・・ 10
　　　ワーク8　～　ワーク10

6. アサーションを実行しやすくするための5つの条件 ・・・・・・・・・ 14
　　　ワーク11　～　ワーク14

　　　この章をふりかえって ・・・・・・・・・・・・・・・・・・・・・・・・・・・ 16

2章　こころの葛藤に気づき「ノー」と言える勇気をもつ
～無理なく素直に自己表現をするために～

1. アサーション権とは ・・・・・・・・・・・・・・・・・・・・・・・・・・・・ 17
　　　ワーク1

2. 基本的な5つのアサーション権 ・・・・・・・・・・・・・・・・・・・・・ 20
　　　ワーク2　～　ワーク4

iii

3. 「ノー」という勇気 ・・・・・・・・・・・・・・・・・・・・・・・・・・・・・・・・・・・・・・ 25

4. 葛藤はどこから来るのでしょう? ・・・・・・・・・・・・・・・・・・・・・ 26
   ワーク5　　ワーク6
   この章をふりかえって ・・・・・・・・・・・・・・・・・・・・・・・・・・・・・・・・ 31

3章　考え方の癖を知る!
～思い込みをなくして合理的な考え方をしよう～

1. 自分を知ることの大切さ ・・・・・・・・・・・・・・・・・・・・・・・・・・・・・ 33

2. まずは,自分の考え方の癖を知りましょう! ・・・・・・・・・・・・ 36

3. 非合理的な考え方とは ・・・・・・・・・・・・・・・・・・・・・・・・・・・・・・ 37
   ワーク1　　ワーク2

4. イラショナル・ビリーフをラショナル・ビリーフに変えましょう ・・・・・・・ 43
   ワーク3　～　ワーク10
   この章をふりかえって ・・・・・・・・・・・・・・・・・・・・・・・・・・・・・・・・ 49

4章　さわやかな自己表現をするためのトレーニング
～コミュニケーション場面を想定して～

1. ネット社会の自己表現 ・・・・・・・・・・・・・・・・・・・・・・・・・・・・・・ 51

2. 自己表現トレーニング ・・・・・・・・・・・・・・・・・・・・・・・・・・・・・・ 52
   ワーク1

3. 言語表現に役立つ4つの心構え ・・・・・・・・・・・・・・・・・・・・・・・ 53

ワーク2 ～ ワーク7

4. 言語表現の2つの場面：「メンテナンス」と「タスク」のアサーション ・・・ 61

ワーク8

5. 2つの場面の具体的な表現のしかた ・・・・・・・・・・・・・・・・・・・・・ 64

6. 問題解決のための DESC 法：タスクのアサーションの例 ・・・・・・・ 66

ワーク9

この章をふりかえって ・・・・・・・・・・・・・・・・・・・・・・・・・・・・・・・・・ 69

5章 言葉以外のさわやかな表現とは
～ノンバーバル・コミュニケーション～

1. ノンバーバル・コミュニケーションとは ・・・・・・・・・・・・・・・・・・・・ 71

2. 文化により異なるノンバーバル・コミュニケーション ・・・・・・・・・・・ 72

3. ノンバーバル・コミュニケーションとしての表情 ・・・・・・・・・・・・・ 74

4. ノンバーバル情報の影響力は？ ・・・・・・・・・・・・・・・・・・・・・・・・・ 76

ワーク1　　ワーク2

5. バーバル情報とノンバーバル情報が違う場合は？ ・・・・・・・・・・・・ 77

ワーク3

6. なぜ，私たちはノンバーバル情報を重要視するのでしょうか？ ・・・・・・ 79

ワーク4

7. ノンバーバル・コミュニケーションでさわやかに自己表現を ・・・・・・・ 81

この章をふりかえって ・・・・・・・・・・・・・・・・・・・・・・・・・・・・・・・・・ 84

目　次　v

6章 怒りをどうコントロールし表現するのか
～アンガー・マネジメント～

1. さわやかに自己表現することが困難な状況とは？ ……………… 85
　　ワーク1　　ワーク2

2. 「怒り」を感じるときって，どんなとき？ ………………………… 87

3. 人間以外の動物にも「怒り」はあるか？ ………………………… 87
　　ワーク3　～　ワーク5

4. ネガティブ感情とポジティブ感情 ………………………………… 90

5. 「怒り」には隠された別の感情があります！ …………………… 91
　　ワーク6　　ワーク7

6. 「怒り」の効用 ……………………………………………………… 92
　　ワーク8

7. アンガー・マネジメントとは ……………………………………… 94
　　ワーク9

8. アンガー・マネジメントを身につけよう ………………………… 95
　　ワーク10

9. 他者からの「怒り」への対処 ……………………………………… 99

10. アンガー・マネジメントとして，
　　リラクゼーションを身につけましょう！ ……………………… 100

　　この章をふりかえって ……………………………………………… 101

引 用 文 献 …………………………………………………………… 102

第 1 章

さわやかな印象を与える自己表現

～自分の気持ちをうまく相手に伝えるために～

 1. 現代の対人関係

　今までで対人関係で悩んだことがないという人はほとんどいないのではないでしょうか。筆者もその1人です。1日の仕事を終えて帰宅途中，ふと今日話した会話の状況を思い出したりします。「あっ，あのときのあの対応，まずかったかな…？」と少しヒヤッとしたり，悔いたりします。会話中にもうまく話をすることができず，モヤモヤ感を引きずりながら対応しているなどということもよくあります。

　ストレスの研究では，「対人ストレス」という専門用語があるくらいです。大学生を対象に調査した研究（原田ら，1992）では，大学生に「最もストレスを感じていること」を記述してもらい，それを10に分類しました。人間関係に関するカテゴリーが全カテゴリーの23.8％を占めていたそうです。悩ましきかな人間関係と言ったところでしょう。

　ところで，犬や猫などのペットを飼っている人も多いと思います。ペットの「目」を思い出してみてください。「黒目」だけで「白目」の部分がないことに気づくでしょう。ところが，私たち人間には「白目」というものがあります。人類に最も近い類人猿（霊長類の中で最も進化したチンパンジーやゴリラ等）はどうでしょう。

図1 チンパンジー
（写真提供：京都大学霊長類研究所）

　図1は大型類人猿（チンパンジー）の写真です。どうですか。ヒトにもっとも遺伝的に近縁なチンパンジーにも黒目しかありません。稀に突然変異で白目を持つチンパンジーが出現することがあるそうですが，淘汰されてしまうそうです。不思議だと思いませんか。なぜ人類の目には「白目」があるのでしょうか。「白目」があるのとないのとで，どういう違いがあるのでしょう。少し考えてみてください。

ワーク 1　「白目」はどのような役割を持つと思いますか？

_____

_____

_____

ワーク 2　なぜ，人類にだけ「白目」があるのでしょうか？

_____

_____

_____

突然変異で白目をもつチンパンジーが出現することがあるが，淘汰されてしまうということを先述しました。なぜ「白目」は淘汰されてしまうのでしょうか。目は急所です。そのため多くの動物において目の色は体毛や肌の色に近い色をしています。カモフラージュして急所である目を守っているのです。「白目」があるとどこに目があるのか敵にすぐ悟られてしまいます。さらには，「白目」があると視線が明確になり敵に次の行動を読まれてしまうという致命的なデメリットがでてくるのです。敵に次の行動を読まれてしまうことは身の危険のリスクを増大させてしまいます。このような理由で，「白目」を持つチンパンジーが現れても淘汰されてしまうのです（小林・幸島，1999）。

　人類の祖先は森を出て，小集団で狩猟・採集の共同作業を行いながら生活するようになりました。共同作業のために，同種他個体との互恵的協調行動（互いに利益や思考を与え合い，譲り合って調和していこうとする行動）がますます必要となってきます。そのためには，より多くのコミュニケーションをとっていくことが必要になってきます。つまり，「視線によるコミュニケーション」を取ることが，「白目」をもつ利点となるのです（小林・幸島，1999）。アイコンタクトとはよく言ったものです。

　複雑な協調行動を必要としない動物は，「白目」で可能となる視線のコミュニケーションよりも，身の危険のリスクの方が重要ということです。複雑な協調行動を必要とする人類にとっては，身の危険のリスクよりも視線によるコミュニケーションのメリットの方がずっと多くなるというわけです。

　このように見ていくと，身の危険リスクよりも視線によるコミュニケーションのメリットの方を選択した人類にとって，「対人関係」の重要性は何も現代に始まったわけではなさそうですね。人類という種族にとっては「対人関係」は，他の霊長類から枝分かれして以降，ずっと重要な要素だったのです。

2. さわやかな対人関係を築くために

　人類という生物にとって「対人関係」がどのような位置づけになっているのかを見てきました。身の危険リスクよりも視線によるコミュニケーションの方を選択してきた人類にとって，「対人関係」問題は避けられそうにない要素のようです。

　どうせ避けることのできない要素なら，心地よいさわやかな対人関係を築いていく方がいいですよね。ではさわやかな対人関係を築くにはどうしたらいいのでしょうか。

「他人と過去は変えられない」という言葉を聞いたことがあります。名言だと思いませんか。他人と過去を変えることができないのならどうするか。そうです。自分を変えるしかないのです。
　では，自分をどう変えていけばいいのでしょうか。さわやかに自分を表現できるように，自分を変えていけばいいのです。自分を変えていくというのは少し大げさかもしれません。自分を変えるというよりは，さわやかに自分を表現できるようなスキルを身につけ，時々感じるモヤモヤ感を減らすのです。

　さあ，今からさわやかな対人関係を築くために，さわやかに自分を表現できるスキルをこの本で一緒に学んでみましょう＊。

3. まずは今までの自分の対人関係のパターンを知ろう！

　多くの人は，日々，それこそ常時対人関係で頭がいっぱいになって，リフレッシュできないほど悩んでいるわけではないでしょう。時々モヤモヤ感があったり，時々落ち込んだりしているくらいかと思います。
　多くの人は，全ての人が苦手，あらゆる対人場面が苦手ということはないはずです。特定の苦手な相手，特定の苦手な場面があるはずです。言い換えれば，それ以外は，意外とうまく対応できていると思います。
　この章ではあなたの苦手な特定の場面を抜き出してみましょう。

＊ ちょっと待って‼　もし，あなたが，対人関係に非常に強く悩んでいて，体調まで崩しているのでしたら，この本はあまりお役に立たないかもしれません。そういう状態でしたら，カウンセリングを受けることをお勧めします。そこまでいかず，今より少し対人関係をうまくやっていきたいと感じているなら，この本はあなたのお役に立つことができると思います。

ワーク 3 今までで，相手にうまく対応できず，嫌な気持ちを引きずった経験（エピソード）を3個思い出して，書いてみてください。✎

どれを
書こうかなぁ

① _____

_____

② _____

_____

③ _____

_____

ワーク 4 上の3つのエピソードで，共通の要素はありますか？あれば書いてみてください。✎

_____

_____

_____

ワーク 5 なぜ上記の要素が苦手なのか，その理由を自分なりに考えてみましょう。

なんでだろう？

_____

_____

_____

3．まずは今までの自分の対人関係のパターンを知ろう！　5

ワーク 6 　パターンチェックリスト

　ふだん，あなたはどのような自己表現をしているのか，ここで，チェックしてみましょう。これはテストではありません。

　次の質問リストについて，あてはまるときは「はい」，あてはまらないときは「いいえ」に○をつけてください。どちらかを選ぶことが難しいときは，「どちらかといえば」というところで選んでください。

リストⅠ

1．あなたは，誰かにいい感じをもったとき，その気持ちを素直に表現できますか。　（はい・いいえ）

2．あなたは，自分の長所や，なしとげたことを素直に人に言うことができますか。　（はい・いいえ）

3．あなたは，自分が神経質になっていたり，緊張しているとき，それを素直に受け入れることができますか。　（はい・いいえ）

4．あなたは，見知らぬ人たちの会話の中に，気楽に入っていくことができますか。　（はい・いいえ）

5．あなたは，会話の場から立ち去ったり，別れを言ったりすることができますか。　（はい・いいえ）

6．あなたは，自分が知らないことや分からないことがあったとき，そのことについて説明を素直に求めることができますか。　（はい・いいえ）

7．あなたは，人に援助を素直に求めることができますか。　（はい・いいえ）

8．あなたが人と異なった意見や感じをもっているとき，それを素直に表現することができますか。　（はい・いいえ）

9．あなたは，自分が間違っているとき，それを素直に認めることができますか。　（はい・いいえ）

10．あなたは，適切な批判を述べることができますか。　（はい・いいえ）

（平木，2009，p.13）

6　第1章　さわやかな印象を与える自己表現

リスト II

11. 人から誉められたとき，素直に対応できますか。 （はい・いいえ）

12. あなたの行為を批判されたとき，素直に受け応えができますか。 （はい・いいえ）

13. あなたに対する不当な要求を拒むことができますか。 （はい・いいえ）

14. 長電話や長話のとき，あなたは自分から切る提案をすることができますか。 （はい・いいえ）

15. あなたの話を中断して話し出した人に，そのことを言えますか。 （はい・いいえ）

16. あなたはパーティや催しものへの招待を，受けたり，断ったりできますか。 （はい・いいえ）

17. 押し売りを断れますか。 （はい・いいえ）

18. あなたが注文した通りのものが来なかったとき，そのことを素直に言って交渉できますか。 （はい・いいえ）

19. あなたに対する人の好意がわずらわしいとき，断ることができますか。 （はい・いいえ）

20. 相手から援助や助言を求められても，できない場合は断ることができますか。 （はい・いいえ）

（平木，2009，p.14）

すべての質問に（はい・いいえ）の印が付け終わったら，それぞれの数を次の表に入れてください。

リスト I		リスト II	
「はい」の数	「いいえ」の数	「はい」の数	「いいえ」の数

3. まずは今までの自分の対人関係のパターンを知ろう！

チェックリストの説明

　全部で「はい」は何個ありましたか。10 個以上あれば，あなたの「さわやかに自己表現」できている度合いは，普通以上です（平木，2009）。

　「いいえ」が 10 個以上あった人は，日々の日常生活や対人場面で少々窮屈さを感じているかもしれません。「いいえ」と回答された項目は，あなたが苦手としている場面です。

　ここで，「Ⅰ」と「Ⅱ」の各質問項目をもう 1 度じっくり読んでみてください。「Ⅰ」と「Ⅱ」に何か違いがあることに気づきませんか？

ワーク 7　　「Ⅰ」と「Ⅱ」の質問項目の違いは，何でしょうか？

_____

_____

_____

_____

　「Ⅰ」と「Ⅱ」の質問項目の違いは，Ⅰは「自分から人に働きかける言動」，Ⅱは「人からの言動に対応する自分の言動」に関する場面です。

　Ⅰで「いいえ」が多かった人は，「人に働きかける」ことが苦手といえるでしょう。Ⅱで「いいえ」が多かった人は，「人の言動」にうまく対応することが苦手な人といえるでしょう。

4. 自己表現の3つのパターン

平木（2009）は，自己表現には3つのパターンがあると指摘しています。それは，①さわやかな自己表現，②非主張的な自己表現，③攻撃的な自己表現です。
それぞれについて，みていきましょう。

①さわやかな自己表現 「I am OK, you are OK.」

特徴
正直　率直　積極的　自他尊重
自発的　自他調和　自他協力
自己選択で決める　歩み寄り
柔軟に対応する　自分の責任で行動

②非主張的な自己表現 「I am not OK, you are OK.」

特徴
引っ込み思案　卑屈　消極的
自己否定　依存的　他人本意
相手まかせ　承認を期待　限定的
黙る　弁解がましい

③攻撃的な自己表現 「I am OK, you are not OK.」

特徴
強がり　尊大　無頓着　操作的
他者否定的　自分本位
相手に指示　優越を誇る　支配的
一方的に主張する　責任転嫁

5. さわやかな自己表現，アサーション登場！

　ここまで「さわやかな自己表現」という言葉を使ってきましたが，実は，「さわやかな自己表現」という言葉を1つの単語として表わす言葉があります。それは「アサーション」という言葉です。

　「アサーション（assertion）」とは，「主張，断言，自己主張，自分の意見をはっきり述べること」（『プログレッシブ英和中辞典』）です。しかしながら，日本語の「自己主張」という言葉には，日本の文化の影響か，押しつけ，わがまま的ニュアンスが含まれている印象を持つ人も多いのではないでしょうか。ここで言う「アサーション」とは，あくまで「さわやかな自己主張」というべきものです。この「さわやかな」というニュアンスを大事にしたいために，日本ではあえて「アサーション」という単語をそのまま表記しています。

　平木によると，「アサーティブな発言では，気持ち，考え，信念などが正直に，率直に，その場にふさわしい方法で表現される」（平木，2009，p.25）ということです。また，「アサーティブな自己表現」とは「自分も相手も大切にした自己表現」のことです。

　「和」を尊ぶ日本の文化では，往々にして，「相手を大切にする」ことの重要性はよく指摘されます。しかし，これは「アサーション」ではありません。「アサーション」とは相手だけではなく，「自分」も大切にすることなのです。

> **ワーク8**　ワーク3であなたが経験した3つのエピソード（p.5）を振り返ってみてください。今なら，どのように対応したかったなぁと思いますか？

エピソード①：

＿＿＿＿＿＿＿＿＿＿＿＿＿＿＿＿＿＿＿＿＿＿＿＿＿＿＿

＿＿＿＿＿＿＿＿＿＿＿＿＿＿＿＿＿＿＿＿＿＿＿＿＿＿＿

＿＿＿＿＿＿＿＿＿＿＿＿＿＿＿＿＿＿＿＿＿＿＿＿＿＿＿

エピソード②

_____

_____

_____

エピソード③

_____

_____

_____

ワーク 9　以下の文章を読んで考えてみてください。

> 　まり子さんは高校生です。友人があることでひどく悩んでいました。ある夜，コーヒーショップでその相談にのっていました。友人がかわいそうで，一生懸命話を聴いていました。すっかり時間を忘れてしまい，遅くなってしまいました。慌てて自宅に戻ると，「一体，今，何時だと思ってるの？！」と，お母さんに烈火のごとく叱り飛ばされました。お母さんの頭ごなしの言い方と，友人の秘密の話ということもあり，「うるさいっ！」と叫び，自室に入って鍵をかけてしまいました。

ワーク 9-1　お母さんはどうして怒ったのでしょうか？

_____

_____

_____

5．さわやかな自己表現，アサーション登場！　11

ワーク 9-2 あなたがまり子さんなら，お母さんにどのように言ってみたいですか？

_____

_____

_____

ワーク 10 次の文章を読んで考えてみてください。あなたならどう対応しますか？

> 次郎さんはコンビニのアルバイトをしています。大学の部活の先輩の紹介で，先輩もそこでバイトをしています。先輩は優しく，面倒見のよい人で，次郎さんのこともよく気にかけてくれ，世話になっています。次郎さんはその先輩を人としても尊敬しています。ある日，その先輩から「急に親父が事故に巻き込まれて，明日休まないといけなくなった。悪いけど，明日，バイト替わってくれないか？」と言われました。次郎さんは，明日は以前から非常に楽しみにしていたコンサートがあるのです。なかなか手に入らない貴重なチケットなのです。

ワーク 10-1 次郎さんはどのような気持ちになっていると思いますか？

_____

_____

_____

ワーク 10-2 あなたが次郎さんの立場なら，どのように対応したいと思いますか？その理由も書いてください。✏

_____

_____

_____

　ワーク9と10をしてみて，いかがでしたか？ワーク10の方が難しかったのではないでしょうか？ワーク9では，冷静に状況を説明（可能な範囲で）し，詫びれば何とかなる可能性の高い状況に思えた人は多かったのではないでしょうか。

　ワーク10は2人が共に善良な立場でありながら，互いの利益が反している状況です。あなたはどう考えましたか？

　社会では誰も悪くなく，かつ互いの利益に反するという状況がよく起こります。こういうときは本当に苦しいですよね。「アサーション」ではどのようにしたらよいと考えているのでしょうか？

> 　「アサーション」では，率直に話し合って一致すればラッキーであると考えます。もともと互いの考えが一致しないことが人の世界ではよくあると考えるのです。そして，面倒がらずに，勇気をもって，互いの意見を出し合い，譲ったり，譲られたりしながら，双方にとって納得の行く結論を出そうとすることを推奨します。それしか方法はないのです。

（平木，2009，p.26 をもとに）

　平木は次のように言っています。
　　「精一杯，自分の出来る限りで，＜自分の気持ち＞を表現することに，
　　エネルギーを注ぐことが先決なのです。そして，伝わらなかったら，
　　さらに，コミュニケーションを続けるしかないのです。」（平木，2009，p.36）

6. アサーションを実行しやすくするための5つの条件

平木（2009）は，アサーションを実行しやすくするための条件を5つ提示しています。

> 1. 自分の気持ちを把握しましょう
> 2. 結果や周囲を気にし過ぎないようにしましょう
> 3. アサーティブな考え方を持ちましょう
> 4. アサーション権*を知り，使いましょう
> 5. アサーションのスキルを習得しましょう

* アサーション権については，2章で説明します。

ワーク 11　「1．自分の気持ちを把握しましょう」に関して，あのとき，なぜあんなことを言ってしまったんだろう，なぜあんな行動をとってしまったんだろうというような経験はありませんか？　そのときの体験を書いてみてください。

_____

_____

_____

ワーク 12　「2．結果や周囲を気にし過ぎないようにしましょう」に関して，結果や周囲を気にし過ぎて不本意な言動をとったことはありませんか？そのときの体験を書いてみてください。

14　第1章　さわやかな印象を与える自己表現

ワーク 13 「3．アサーティブな考え方を持ちましょう」に関して，ある考え方に執着して，不本意な言動をとったことはありませんか？そのときの体験を書いてみてください。✐

ワーク 14 p.14 の5つの条件のうち，1，2，3で共通していることは何でしょうか？

　ワーク14は少し難しい質問でしたね。答えは「**自己理解**」です。つまりは，自己をよく知ることが，さわやかな対人関係を築く近道なのです。

　先にもお話ししましたように，「他人と過去は変えられない」のです。ならば，自身の方を少し変えること以外に道はないということです。急がば回れです。
　次章からは，いよいよアサーションの知識・スキルに入っていきます。

6．アサーションを実行しやすくするための5つの条件　　15

この章をふりかえって

❋ どのくらいわかったか, チェックしてみよう！

よくわかった 　　まあまあ　　　 あまり　　　 わからなかった
　　　　　　　 わかった　 わからなかった

❋ 自分の生活にいかすヒントはあったかな？

あった　　　 すこしあった　　 あまりなかった　　　 なかった

❋ 心に残ったことなどあったら, 書いてみよう！

第2章

こころの葛藤に気づき
「ノー」と言える勇気をもつ

～無理なく素直に
　　　自己表現をするために～

 ## 1. アサーション権とは

　子どもの権利条約というのをご存知ですか。子どもの基本的人権を国際的に保障するために定められた条約で，日本は 1994 年に批准しました。その中に「意見の表明権」というものがあります。国は，その子が年齢にふさわしい形で自由に自分の意見を言う権利を確保する義務があるとされています。

　私たちは幼いころから「人の言うことは素直に聞きましょう」と言われますが，「自分の意見を言うことは誰もが持つ権利なのです」とはあまり言われませんね。

　日本の文化では，はっきり自分の意見を言うと自分勝手とか出しゃばりとか非難されたりすることもあるほどです。ですから，子どもも含めてすべての人に自分の考えや思いを言ってもよいという権利があることを知ったとき，筆者は世界がずいぶん変わってみえました。

　権利というのは，何か力ずくで要求したり強制したりするということではなくて，人々が「それはもっともなこと」と認めた道理に基づいて要求することができることを指します（大田，1990）。私たちは人権，つまり安心して，自分を大切にして，自由に生きる権利を持っています。そして，この人権を守るには，自分の気持ちや考えを大切にし，自己表現することは「もっともなこと」であって，アサーションは権利なのです。

アサーション・トレーニングを一般の人々に広めた本 *"Your Perfect Right"* を著わしたアルベルティとエモンズは，その本の中で「アサーティブな行動は・・・他者の権利を侵害することなしに自分の権利を行使できるようになる」と述べています（Alberti & Emmons, 1990, p.10）。どんな人にもアサーションをする権利（＝アサーション権，平木，1993，p.58）があり，それを認識することがアサーションの出発点となっています（**コラム1**参照）。

少し話が飛びますが，小説家の小川洋子さんは，インタビューで「自分の価値観に収まらない人が世界にたくさんいるのが面白いし，いとおしい」と語っています（小川，2017）。異なる価値観を持つ人をいとおしく思えるとき，アサーションは権利であるという意識を超えて自然なこと，当たり前なこととしてその人の中に存在しているように思います。こうした境地にまで到達することはなかなかできませんが，アサーション権を知るだけでも対人関係は大きく変わります。一人ひとり違う人間同士が関わり，その中で自分を変化させ，成長させることができることはうれしいことです。アサーション権はそうした生き方の支えとなることでしょう。

では，アサーション権について詳しくみていきましょう。

ワーク1 　次の中で，アサーション権はどれだと思いますか？

- ・自分の時間や物を自由に使う権利
- ・一人で静かに過ごす権利
- ・自分の意見や信念を表明する権利
- ・自分自身のことをよく思う権利
- ・情報を得る権利
- ・「いいえ」という権利
- ・空想の世界に生きる権利
- ・成功する権利
- ・結婚をするかしないか決める権利
- ・選択する権利
- ・失敗する権利
- ・主張しない権利
- ・要求する権利
- ・独立して自由に生きる権利
- ・援助をお願いする権利
- ・周囲から大切にされる権利
- ・自由に表現する権利
- ・間違える権利
- ・お金を払った品物やサービスについてそれに見合うだけのものを得る権利

実はワーク1のリストにある権利は，すべてアサーションにまつわる権利です。このほかにも多くのアサーション権があります。

コラム1　アサーション誕生の歴史

● **1950年代**　アサーションの発祥の地はアメリカです。1950年代，行動療法の理論を背景に対人関係で悩んでいる人，自己主張が苦手で社会的な場面で不利益を被っている人のための援助プログラムとしてスタートしました。

● **1960年代～1970年代**　公民権運動（人権拡張・人種差別・性差別撤廃運動）を背景に社会的に弱い立場にあった人々の権利獲得運動が展開されていました。とりわけ，非暴力を貫き，人種差別の撤廃を訴えたキング牧師（Martin Luther King, Jr.）の影響は大きく，20万人が参加したデモ集会でのキング牧師の有名な演説 "I Have a Dream" はアメリカ国内のみならず世界的に高く評価され，のちにノーベル平和賞を受賞しています。こうした時代の流れの中でアサーションは誰もが持つ基本的権利として受けとめられるようになりました。「人間は皆，誰しも自分が表現したいことを表現してよい」「この権利は他者の権利を侵さないかぎり，自由に行使されてよい」ことが人々の間で広く認識されるようになったのです。

● **1970年代～**　行動論的技法と同時に人間の存在を尊重する人間性心理学の影響を受けたアルベルティとエモンズ（Alberti & Emmons, 1990）は，一般の人々を対象としたアサーション・トレーニングを初めて体系づけ，*"Your Perfect Right"*（あなたの完全なる権利）を出版しました。この本は，改訂を重ねながら現在でも多くの国で読み続けられています。そして，広く一般の人々を対象に対等で積極的な人間関係を促進するためのアサーション・トレーニングが数多く展開されるようになりました。

2. 基本的な5つのアサーション権

アサーション権には100以上の権利があるといわれていますが，ここでは基本的な5つの権利についてみていきます（平木，2007）。

その5つの権利とは，次のものです。

> 1．私たちは誰からも尊重される権利がある
> 2．私たちは他人の期待に応えるかどうか決める権利がある
> 3．私たちは誰でも過ちをし，それに責任を持つ権利がある
> 4．私たちには支払いに見合ったものを得る権利がある
> 5．私たちには自己主張をしない権利がある

コラム2　女性の地位向上とアサーション・トレーニング

　国際婦人年（1975年）を契機に性差別に対するウーマン・リブ運動が世界的に動き出し，女性の地位向上，機会均等の確保にむけて展開し始めました。こうした中で女性たちは平等とは何を意味し，人権を行使するとはどうすることなのか，社会で認められる言動について改めて考える必要に迫られました。

　その必要に応えたのが人権尊重の理念に裏づけされたアルベルティとエモンズの本であり，アサーション・トレーニングだったのです（平木，2009）。この頃，女性向けの多くの本が出版されますが，アサーション・トレーニングの参加者の多くは女性たちでした（Dickson, 1982　山本訳, 1991）。

　このように，アサーション・トレーニングは単に自己表現のスキルアップのためのものとしてだけではなく，人権問題に対する有効な対応法へと大きく変化していきました。

> **ワーク 2**　5つのアサーション権の中で，あなたが当たり前と思った権利はどれですか？

> **ワーク 3**　5つのアサーション権の中で，あなたにとって一番，意外に思われたのはどれですか？

> **ワーク 4**　どうしてこの5つの権利がアサーション権なのかを考えてみてください。

5つのアサーション権の説明

1．私たちは誰からも尊重される権利がある

　これは人間の基本ともいうべきものです。人間の尊厳は誰からも侵されることはありません。人間として尊重されるということはその人の気持ちや考え，意見，価値観も尊重されるということですから，たとえば誰でも欲求を持ってよく，その欲求を大切にしてもらいたいと思ってもよいことになります。さらに自分の意見を持ち，それを表明してもよいのです。

　「むかつく」「いらつく」という言葉を耳にすることがあります。自分の願いや欲求があってもそれを表現することができず，いつも「ごめんね」「私はいいよ」と笑顔で言い合う社会は，自分を封印するよう，人に強いています。封印した思いはやがて胸の中に溜まっていきます。それもムカムカ，イライラすることにかかわっています。

もし，自分が人として粗末に扱われていると思うときは，大切にしてほしいと要求してもよく，実は言ってみると相手はまったくそのことに気づいていなかったりします。もちろん，相手も同じように自分の考えや欲求をもってよいのですから，葛藤が起こる可能性もありますが，小さなもめごとが起きることは日常では当たり前と思って歩み寄る覚悟がこの権利を行使するときに必要です。

2．私たちは他人の期待に応えるかどうか決める権利がある

あなたは自分自身の行動について最終的な判断権をもっています。ほかの人がどう評価しようと，あなたの感じ方や考え方は，あなたのもので，他人と同じ感じ方や考え方をしなければいけないということはありません。相手の期待に応えて行動するにしても，あるいは期待に応えずに断ったとしても，どちらも自分の判断によって決めることができるのです。

ただし「ノー」というあなたの権利には，相手の「ノー」という権利がついて回ります。私たちは自分の思いを表現することはできますが，他人の行動を変えることはできません。この権利を行使するときは，相手もあなたと同じように自由に行動を決める権利を持っていることを認めましょう。

3．私たちは誰でも過ちをし，それに責任を持つ権利がある

これは，「人間である権利」ともいわれます。人間は，完璧ではなく，失敗や過ちをしない人間はいません。ここで言う過ちとは，わざと行うようなルール違反とかではなく，人間の不完全さからくる間違えや失敗を指します。失敗してはいけない，間違ってはいけないとしたら，私たちは何もできないでしょう。幼い頃から失敗してはいけないと言われてきた子どもは，失敗する人はダメな人間という思いが常にあって，失敗するとひどく自分を責めてしまったり，うろたえたりします。そして，なるべくそういう事態にならないようにと，新しいことに挑戦するのを避けるようになります。

また，どんなに人を傷つけないようにと注意していても相手が傷ついてしまうこともあります。ちょっとした心の緩みで過ちをしてしまうこともないとは言えません。間違えや過ちはあってもよく，そのことにできる限りの範囲で責任を持ってよい，という人権があるから私たちは逆に成功まで試行錯誤できるのです。「失敗は成功の母」「失敗から学ぶ」という言葉があるように，そうした経験から学習することは，人間の持つ大きな能力でもあるのです。

また，この権利に関連して，「傷つく権利」をあげておきます。誰もが失敗はできれば避けたいですし，間違えることはこわいですね。でも時には，確かな保証がなくても決断しなければ自分が自分でなくなってしまうようなときもあります。そんな経験はありませんか。

　児童文学の翻訳家の清水真砂子さんは，歴史作家ローズマリ・サトクリフ（Sutcliff, R.）の自伝『思い出の青い丘』という本で「傷つく権利」という言葉に出会ったときのことを次のように語っています（清水，2015）。

　　　この自伝に出会った1985年，私は「間違える権利」から，さらには「過ちをおかす権利」までは考えていました。間違えること，過ちをおかすこと。それを若い人たちがあまりに恐れ，何かにつけて臆病になっているのを見て，どうしたらいいか。どういう言葉があれば，彼らの背を押してやれるかを考えているうちに（一だって，「間違ったって大丈夫」くらいでは，人は動けません。誰だってこわいのですから一）間違うことを，さらには一ここまで言うのはそれこそちょっとこわいのですが，でも一過ちをおかすことをもまた，人が生きていく権利ととらえなくてはと考えるようになったのです。でも，「傷つく権利」には考えが及んでいませんでした。『思い出の青い丘』にこの言葉を見つけたとき，私は思わず拍手してしまったものです。「これだ！これしかない！」私の中で世界がまた大きくひろがりました。（pp.136-137）

　このサトクリフの「傷つく権利」って何？と思われた方はぜひ，**コラム3**を読んでみてください。人間が尊厳を持って生きるということについて深く考えさせられます。

4．私たちは支払いに見合ったものを得る権利がある

　買い物をしたり，サービスを受けたりする時は支払いに見合ったことを要求してもよいということです。たとえば，買ったものが壊れていたとか，配達が予定より遅れて結局間に合わなかったといった場合は，正当に要求してよいのです。あるいは，診察を受けたときにお医者さんの話がよく聞き取れなければ，もう一度尋ねて確認してもいいのです。ただし，相手にも失敗する権利や間違える権利がありますから，攻撃的にならずに，「もっともなこと」という道理に基づいて要求することが大切です。

2．基本的な5つのアサーション権　23

5. 私たちは自己主張しない権利もある

これはとても大切な権利です。他者の権利を侵さない限り，自分の行動は自分で決めてもよいというのがアサーション権の基本ですから，アサーションしないという選択もアサーション権に含まれます。たとえば，注文した品物と違っていても時間やエネルギーの無駄を考えて，あえてアサーションしないことを選んでもよいのです。また，状況が落ち着くまでしばらく静観することを選ぶこともアサーションと言えるでしょう（**コラム4**）。

自分で主張しないことを選んでいますから，結果がどうであっても人のせいにして恨んだりすることもなく，さわやかな自分でいられます。

3. 「ノー」という勇気

何かを頼まれたり，誘われたり，あるいは意見を尋ねられたりしたとき，あなたは，自分の気持ちが「ノー」であればはっきりそう言うことができますか？日本の文化では，ノーと言うことはあまりよいことではなく，なるべく相手の期待に沿うことが求められる風潮があり，たとえ断るにしてもあいまいにごまかすというような，婉曲的な断り方が日常ではよくみられます。

また，上下関係や利益関係があるビジネスの世界では，なるべく相手に悪い印象を与えずに断るためのさまざまなテクニックが推奨されています。「前向きに検討したいと思いますが‥」「私どもには身に余るもったいないお申し出で‥」などです。しかし，友だちや恋人，親や先生など，日常のやりとりでは素直にあっさりと断るほうがかえってさわやかな印象を与えることが多いです。

「ノー」であるならば，ノーとはっきり言うことは，自分のためだけではなく，実はお互いにとってよい面があるのです。何を聞いても，「だいじょうぶ」「いいよ」という答えしか返ってこないと，「本当にいいの？」と心配になります。「無理して付き合ってくれているのでは？」と申し訳ない気持ちがしてきます。

自分の考えを言わない人は実は周りの人にいろいろな気遣いをさせてしまっていることもあるのです。

24　第2章　こころの葛藤に気づき「ノー」と言える勇気をもつ

コラム3　傷つく権利

　イギリスの作家，ローズマリ・サトクリフ（Sutcliff, R.）は日本にも『ともしびをかかげて』『太陽の戦士』など，主だった作品のほとんどが紹介されているすぐれた歴史小説家です。そのサトクリフの自伝『思い出の青い丘』（猪熊葉子訳・岩波書店）という作品の中に「傷つく権利」という言葉があります。

　サトクリフは，2歳のときに病におかされ，その生涯のほとんどを車椅子ですごした女（ひと）でした。そんな彼女が妻ある人とは知らず，一人の男性と恋に落ちるのです。母親はそんな娘を冷ややかに眺め，父親は娘への愛がより深かっただけに，娘が傷つくのを恐れて，その交際に強く反対します。この頃を回想して，サトクリフは後年書いているのです。
　父は自分を愛してくれていた。けれどもそんな父にさえ，娘にも「傷つく権利」があるということがわかっていなかったと。

（清水真砂子（2015）．『大人になるっておもしろい？』岩波ジュニア新書　pp.136-138.
　より一部改変し引用）

コラム4　「自己主張しない権利」にまつわる話

　哲学者鷲田清一の新聞連載コラム「折々のことば」に次のような話が載っていました。

> 「あんまりほんまのこと言うもんやない」（京都の小学生）
> 電車の中で，幼い姉弟がぶつくさ話し込んでいる。あまり年の変わらない姉に弟が級友との衝突について訴えているらしい。黙って聴いていた姉が最後にこう言って諭すのを耳にして，腰を抜かしたと，京都大学の往年の名物数学教授，森毅がある会合で語っていた。人々がひしめいて暮らしてきた町では子どもも一日も早い成熟を迫られる？なんか深い淵を覗いたよう。
>
> （朝日新聞，2017. 2. 25朝刊）

　ここでは弟がお姉さんからアドバイスされていますが，もし弟が，その後，自分でよく考えて，言わないという行動を選択したとしたら，それは立派なアサーションと言えることでしょう。

4. 葛藤はどこから来るのでしょう？

　人は一人ひとり違いますので人間関係には葛藤や対立があるのは当たり前と言ってもよく，それは多くの人の悩みの種です。でも一方で，意見や価値観が違うからこそ，私たちは人と一緒にいることで視野が広がったり，新しいものを創造したりできるのです。

　このように相反する面が人と人の関係にはあります。そのように考えてみると，葛藤をむやみに恐れるのではなく，葛藤があることを受け入れて，それに積極的に対処していくことが大切そうですね。

　まず，ワークを通して，どのようなアサーションの場面で葛藤が強く感じられるのかを考えてみましょう。

ワーク5　葛藤に気づくワーク

　次の場面の中で，あなたが断りにくいのはどれですか？また，それはなぜでしょうか。

① 親友から，「嫌なことがあったから，遊びに行こうよ。付き合って！」と誘われた。でも明日，レポート提出の締切日で，まだ終わっていない。

② 電話が鳴った。「新しいダイエット食品を購入しませんか？」という勧誘だった。

③ 講義のある日に，人が足りないからと急に店長からアルバイトに来るようにと連絡があった。講義に出ないと単位が危ない。

④ 友だちから「○○のゲームを貸してくれない？」と言われた。これから自分も使おうと楽しみにしていたゲームだった。

⑤ 先輩に「これから夕食に行かない？」と誘われた。このところ帰りが遅い日が続いたので，今日は早く帰ってゆっくりしようと思っていた。

> **ワーク 5-1**　「断りにくい」のは，①〜⑤の中のどれですか？

（　　）

それはなぜですか？

_____

_____

> **ワーク 5-2**　逆に「断りやすい」のは，①〜⑤の中のどれですか？

（　　）

それはなぜですか？

_____

_____

✿ ワーク5の説明

　葛藤の大きさとアサーションは概ね次のように分けられます。

- ・アサーションが容易にできて，葛藤も少ない。
- ・アサーションが難しいが，葛藤は少ない。
- ・アサーションが難しく，葛藤も大きい。

　葛藤の大きさやアサーションの難しさには「優先順位」，「相手の切実度」，「相手の評価」の3つが大きく関わっていると考えられます。

● 優先順位は…

　健康が第一，勉強や試験が第一，家族が第一など，物事の優先順位がその人の中でふだんからはっきりしているような場合は，たとえアサーションが難しい事態で

4. 葛藤はどこから来るのでしょう？　27

も葛藤は少ないと言えます。たとえばワーク5の①の「友人の誘いとレポート締切り」の例で、学業優先が明確な人は、友人と一緒に遊びたい思いを感じつつも、あまり葛藤は感じずにはっきり断れるでしょう。

● 相手の切実度は…

たとえば、依頼を断っても相手がそれほど困るとは思えないような、切実度の低い依頼のときなどは、アサーションは容易で、葛藤も少ないです。たとえば、ワーク5の②の「電話勧誘」のような場合です。相手はたくさんの人に手当たり次第電話をしているのですから、あなたが断っても次の人の勧誘へと向かうことでしょう。

また、ワーク5の④の「ゲームを貸す」場面もそうですね。相手との関係にもよりますが、ほかの人を探してもらったり、少し待ってもらったりできそうですから、切実度は低く、ノーと言うことは容易でしょう。

● 相手の評価が気になる…

優先順位や切実度に加えて、相手との関係によってアサーションの容易さや葛藤の多さは同じ場面でも変わってきます。ノーと言っても気にせず、平気そうな相手なら、アサーションもしやすいですし、葛藤も少ないですね。でもそのような相手ばかりではありません。とりわけ、これからも関わっていく相手に対しては、否定的に評価されるのでは…という懸念（心配）がアサーションを難しくします。

リーとグレイアム（Rees & Graham, 1991）は、「ノー」と言うことに困難を感じる理由として相手に関わる次の6つをあげています。あなたがワークで書いた理由はこの中にありますか？　比べてみてください。

もし、ここで私が「ノー」と言ったら…

- 相手が傷つき、相手は拒否されたと思うだろう
- 今後その相手から良くは思われないだろう
- この相手は今後、決してもう私には頼みごとをしないだろう
- 仮に断ってもどうせ強引に押し付けてくるだろう
- 相手はこちらの希望を受け入れてくれたことがあるのに、相手の要求を断るのは申し訳ない
- 相手が気の毒でとても断ることなどできない

評価は気になっちゃう…

自分の気持ちや考えを正直に言ってもよいのかどうか…相手のことを考えると迷ってしまうのは人として当然のことかもしれません。でも相手の反応や受け止め方は相手が決めることですし，ノーと言うこと＝関係が悪くなるという考えは，思い込みかもしれません。伝えてみないと本当のところはわからないといってもよいでしょう。相手の評価を気にするよりも，大切なのは，できるかぎり精一杯自分の思いや考えを伝えることにエネルギーを注ぐことです。

ワーク 5-3　あなたの葛藤はどこからきていると思いますか？何があれば，アサーションしやすくなるのでしょうか？

___

___

___

　判断の道しるべ，少々背中を押してくれるもの（勇気）があるとアサーションしやすくなります。それがアサーション権です。自分の気持ちにまず耳を澄ませて，断るという選択も，受け入れるという選択もどちらもあなたが決められる！アサーション権を知ると，そんなエールが聞こえてきます。

4．葛藤はどこから来るのでしょう？　　29

ワーク6 下記の状況で，あなたならどのアサーション権を使ってアサーションしたいですか？

① 家庭の事情で，バイトを休みたい。忙しい日で，同僚が恐らく困るだろうし，上司も嫌がるだろう。

_____

_____

② 仲の良い友だちから電話。非常に悩んでいて，落ち込んでいる様子。以前に，自分が悩んでいた時，親身になって相談に乗ってくれたのが，彼女。でも，明日，必修科目のテスト。まだ，ほとんど準備ができていなくて，時間がない。

_____

_____

③ バイト先で，ミスをしてしまった。自分のミスのために，上司が相手先に謝りに行った。同僚にも余計な残業をさせてしまった。

_____

_____

④ 以前，処方された薬の副作用で，口の周りがただれた。また，同じ症状がでて診察を受ける。診察待ちの多くの患者がいた。医師は同じ薬を処方しようとした。以前の副作用を告げたが忙しい医師は「そういうこともあるかもしれません」ととりあってくれない。

_____

_____

30   第2章　こころの葛藤に気づき「ノー」と言える勇気をもつ

この章をふりかえって

❋ どのくらいわかったか，チェックしてみよう！

よくわかった　　まあまあ　　　あまり　　　わからなかった
　　　　　　　　わかった　　わからなかった

❋ 自分の生活にいかすヒントはあったかな？

あった　　すこしあった　　あまりなかった　　なかった

❋ 心に残ったことなどあったら，書いてみよう！

4.　葛藤はどこから来るのでしょう？　　31

コラム5　心の声を聴く

　アサーションは本来の自分であるという生き方です。本来の自分であるにはどうすればよいのでしょうか。茨木のり子さんの「みずうみ」という詩にはそのヒントが隠れています（茨木，2010，p.114）。

　　　＜だいたいお母さんてものはさ
　　　しいんとしたところがなくちゃいけないんだ＞
　　　名台詞を聴くものかな！
　　　ふりかえると　　お下げとお河童と
　　　二つのランドセルが揺れてゆく　　落葉の道

　　　お母さんだけとはかぎらない
　　　人間は誰でも心の底に
　　　しいんと静かな湖を持つべきなのだ

　　　田沢湖のように深く青い湖を
　　　かくし持っているひとは
　　　話すとわかる　　二言　　三言で

　　　それこそ　　しいんと落ちついて
　　　容易に増えも減りもしない自分の湖
　　　さらさらと他人の降りてはゆけない魔の湖

　　　教養や学歴とはなんの関係もないらしい
　　　人間の魅力とは　　たぶんその湖のあたりから　　発する霧だ
　　　早くもそのことに　　気づいたらしい
　　　小さな　　二人の　　娘たち

第3章

考え方の癖を知る！

～思い込みをなくして
　　　合理的な考え方をしよう～

　1章で紹介した「アサーションを実行しやすくするための5つの条件」を覚えていますか？次の5つがありましたね（平木, 2009）。

> ① 自分の気持ちを把握しましょう
> ② 結果や周囲を気にし過ぎないようにしましょう
> ③ アサーティブな考え方を持ちましょう
> ④ アサーション権を知り，使いましょう
> ⑤ アサーションのスキルを習得しましょう

　本章では，この中の③について，考えていきましょう。

1. 自分を知ることの大切さ

　1章で上記の①，②，③で共通するのは，自己理解であると紹介しました。自分自身への理解が深まると，心理社会的ストレスに対処することができます。そして，その結果，メンタルヘルス（心の健康）が強くなることが知られています。
　「ジョハリの窓」という言葉を聞いたことがありますか？アメリカで，グループ成長のために考案されたものです。まずは，図1を見てください。「自分」には4つの自分があるという考え方です。

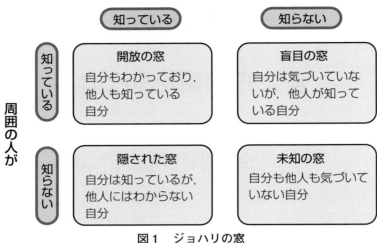

図1　ジョハリの窓
（グラバア・小山田，2008を参考に作成）

- **開放の窓**（open self）：自分も，他人も知っている自分
- **盲目の窓**（blind self）：自分は気づいていないが，他人は知っている自分
- **隠された窓**（hidden self）：自分は知っているが，他人は知らない自分
- **未知の窓**（unknown self）：自分も，他人も気づいていない自分

　誰もがこの4つの自分を持っています。そして，「開放の窓」つまり，自分についてさらによく知り，他の人ともそれを共有すると，メンタルヘルスが上がるのです（図2）。逆に，開放の窓が小さくなると，メンタルヘルスは下がります（図3）。
　興味深いことだと思いませんか。「自分を知る」ということが，人間にとってとても大事なことであるということが理解できると思います。

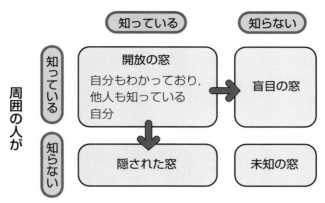

図2　開放の窓が大きいジョハリの窓
（グラバア・小山田，2008を参考に作成）

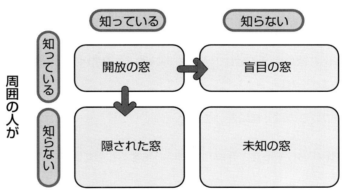

図3　開放の窓が小さいジョハリの窓
（グラバア・小山田，2008を参考に作成）

　日々の体験の中で何かに動揺したり混乱したりしたときを想い出してください。そのとき，「アッ，私はこういうことで動揺する人間だ」と思った途端，妙に落ち着いたという経験がある人は少なくないのではないでしょうか？「自分を知る」ということは「自分を客観視する」こととも言えるでしょう。
　この章では自分の「ものの考え方」について，みていきましょう。

2. まずは，自分の考え方の癖を知りましょう！

　次の質問に答えてみてください。あなたの日ごろの考えとどの程度，一致しているかで点数をつけてみてください。

> 日頃の考えと・・・　　　　　　　　　　　　回答記号
> 　　ぜんぜん一致していない・・・・・・・　0
> 　　あまり一致していない・・・・・・・・　1
> 　　どちらともいえない・・・・・・・・・　2
> 　　かなり一致している・・・・・・・・・　3
> 　　まったく一致している・・・・・・・・　4

1．自分のすることは，誰にでも認められなければならない。　☐

2．人は常に有能で，適性があり，業績をあげなければならない。　☐

3．人の行いを改めさせるには，かなりの時間とエネルギーを費やさなければならない。　☐

4．人を傷つけるのは非常に悪いことだ。　☐

5．危険や害がありそうなときは，深刻に心配するものだ。　☐

6．人は誰からも好かれなくてはならない。　☐

7．どんな仕事でも，やるからには十分に，完全にやらなくてはならない。　☐

8．人が失敗したり，愚かなことえをしたとき，頭にくるのは当然だ。　☐

9．人が間違いや悪いことをしたら，非難すべきだ。　☐

10．危険が起こりそうなとき，心配すれば，それを避けたり，被害を軽くしたりできる。　☐

(平木，2009，p.81)

項目に対して，0点もしくは1点をつけた人は，その項目に対しては合理的な考え方（現実的な考え方）をしています。3点もしくは4点をつけた人は，その項目に対して少々非合理的な考え方（非現実的な考え方）をしているといえます。

上記の質問項目は，1と6，2と7，3と8，4と9，5と10がペアになっています。同じことを尋ねているのです。この5つのペアは，大きく5つの非合理的な考え方になっています。いかがでしたか。ご自身の考え方の癖が分かりましたでしょうか。3点もしくは4点をつけた項目は，非合理的な考え方になっている可能性があります（平木，2009）。

3. 非合理的な考え方とは

心理療法の中で，論理療法という療法があります。エリス（Ellis, A.）という心理療法家が創設した療法です（Ellis & Harper, 1975）。

皆さんが何かに怒っているとき，皆さんは「〇〇〇〇〇で，本当に腹立つ〜」という表現をしませんか。これは，「〇〇〇〇〇」という出来事が起こって，そのせいで自分が怒っているという意味ですよね。

ところが，エリスはそうじゃないと言うのです。「〇〇〇〇〇」という出来事が起こって，その出来事が怒るべきこととあなたが考えているので，あなたが怒っているのだと言うのです。

混乱しているかと思いますので，図にしてみましょう（図4）。

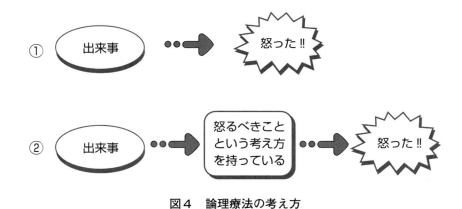

図4　論理療法の考え方

論理療法では，①のプロセスは違うというのです。出来事が起きたので，怒ったのではない。その出来事が「怒るべきことという考え方」があるので，あなたは怒ったのだというのです（②のプロセス）。

　論理療法の中心概念は，ABC理論といわれています。

```
A：Activating event　　出来事
B：Belief　　思い込み・信念
C：Consequence　　　結果・問題
```

　「A」（出来事）が起こったので，「C」（怒った）のではない。「B」（怒るべきことという非合理的な考え方）を持っているから，「A」（出来事）に対して「C」（怒った）のです。

　ではどのようにすれば，「C」（怒った）が変わるか？「B」（怒るべきことという非合理的な考え方）を変えればよいのです。どのようにして変えればいいでしょうか？

　「理性」を駆使して，Bがいかに非合理的か論破すると，「B」が変わります。そしてその結果，「C」が変わるのです。

　例を挙げてみましょう。試験に失敗し，不合格でした。もう終わりだと落ち込みます（図5①）。論理療法では，試験に不合格になったということが落ち込むようなことと考えているので，落ち込んだのだと（図5②）。次がまだあるから，次に頑張ろうと考えれば，落ち込まないというわけです（図5③）。

　論理療法では，この③のような合理的な考え方を「ラショナル・ビリーフ」，②のような非合理的な考え方を「イラショナル・ビリーフ」とよんでいます。では，このイラショナル・ビリーフを私たちは一体どこで身につけたのでしょうか？生まれたときからもっているはずはありませんよね。

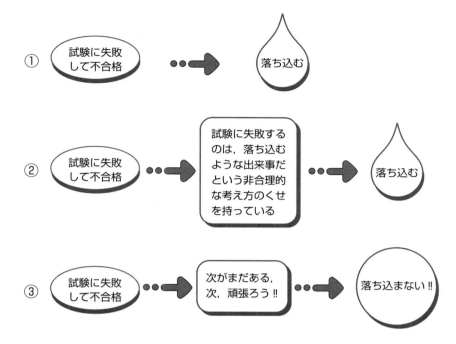

図5 合理的な考え方と非合理的な考え方

ワーク 1 私たちは，一体どこで，このイラショナル・ビリーフを身につけたと思いますか？

_____

_____

_____

　そうです。周りの人たち（両親，家族，親戚，隣人）や，住んでいる社会から影響を受けてイラショナル・ビリーフを持つようになっていったのです。
　私たちがいかに社会や国の文化に影響を受けているか，お国柄ジョークで見てみましょう（ちょっと一息タイムも兼ねて…）。

3．非合理的な考え方とは　　39

❀ 世界お国柄ジョーク　　ちょっと一息タイム

沈没間際のタイタニック号

　救命ボートが足りないので，船員は男性客に船に残るよう説得するときの一言です。

英国人には「君こそジェントルマン！！！」
米国人には「君こそヒーローだ！！！」
日本人には「皆さん，そうしてらっしゃいます」

ドイツ人は，考えてから走ります
イタリア人は，走ってから考えます
イギリス人は，歩きながら考えます
日本人は，周囲と同じように走ります

ある経済学会。ある重大な定理について，多くの質問があった。

イギリス人：「その定理は，経験によって裏付けられているだろうか？」
ドイツ人　：「その定理は，いかなる基本定理から演繹されたものであるか？」
フランス人：「その定理を，フランス語で言ってください」
日本人　　：「その先生は有名ですか？」

　いかがでしたか？これらのジョーク，ちょっと分かるような気がしませんか？「文化」のない組織・社会は存在しません。大勢の人が一緒に生きていくうえでは必要な面もあるのです。しかし，社会の中で多様性が増加していっている現代では，不要だったり，難儀になったイラショナル・ビリーフがあるのも確かです。
　もう1つ，考え方が違うと結果がどのように違ってくるのかを現した興味深い話しを紹介しましょう。

コラム6　靴屋の営業マン

　ある靴屋に勤めている営業マンに，南の島に行って靴を売ってくるよう会社から命令がでました。その営業マンが船に乗って南の島に着きました。その島の人たちは皆，腰に薄い布を巻いて裸足で歩いておりました。その営業マンはそれを見るや否や，即，会社に電報を打ちました（この時代は携帯やスマホはなかったので…）。その内容は「この南の島の人たちは皆，裸足で歩いている。靴など誰も履いていない。売れるわけはないので，即，会社に戻してほしい」というものでした。

　その会社は別の営業マンをその南の島に送り込みました。別の営業マンは，やはり薄い布を巻いて裸足で歩いている南の島の人たちを見ました。同じように，即，会社に電報を打ちました。それは次のような内容でした。「この島の人たちは，靴など見たこともない人たちだ。ドンドン売れるはずだから，ドンドン靴を送ってほしい。」

　どうですか？同じ風景を見て，これだけ結果が違ってくるのです。私たちの考え方が結果にいかに影響しているか，理解できたでしょうか？

　実は，論理療法を創設したエリスがその ABC 理論にたどり着いたきっかけになる体験があるのです。これも興味深いエピソードですので，紹介しましょう。

コラム7　エリスのエピソード

　エリスは青年時代，とても恥ずかしがり屋だったそうです。特に女性に対してはひときわでした。また，あまりモテなかったようです。ある日，1ヵ月の間に100人の女性をデートに誘うという課題を自分に課しました。100人の女性をデートに誘うことはできましたが，1人もその誘いに乗ってはくれませんでした。ですが，エリスはそこで気づきました。確かに100人もの女性をデートに誘って，全員に断られはしたが，他に何も悪いことは起きていないということを。

　その後，エリスの女性恐怖症の傾向はかなり軽減されたということです。

（日本学生相談学会（編）　今村義正・國分康孝（責任編集）(1989)．論理療法にまなぶ―アルバート・エリスとともに・非論理の思いこみに挑戦しよう　川島書店　p.5 より一部改変し引用）

本当に興味深いエピソードですね。臨床心理学者になった後，エリスは恐怖症のクライエント（セラピーを受けに来る人のこと）に珍妙な課題をだしていたそうです。たとえば，バナナを腰にぶら下げて通りを歩く，地下鉄に乗って大声で「次は○○駅ですと言う」などです。クライエントは「（恥ずかしくて）できない」と思うのです。しかし，仕方なくやってみます。その結果，コラム7のエピソード同様，なんでもなかったりするのです。近くの人がちょっと見たりするくらいですが，それだけのことでした。こうして，エリスはクライエントの恐怖心を取り除いていこうとしました。

ワーク2 論理療法では，問題行動の原因は次の何番だと考えるでしょうか？
① 「should」と「wish」の混同
② 思考と感情が一致しないこと
③ 過去と現在が切り離されていること

答えは ① です。イラショナル・ビリーフは「〜すべき」と考えており，その考えが間違った感情（結果）を生むと考えるのです。
② は，論理療法は思考が感情の基礎と考えているので間違いです。
③ は，現在は過去の次に来るものです。切り離されていると考えること自体が間違いです。

4. イラショナル・ビリーフをラショナル・ビリーフに変えましょう

　イラショナル・ビリーフが問題行動の原因だとする論理療法の考え方は理解していただけたでしょうか。

　では，そのイラショナル・ビリーフをどのようにラショナル・ビリーフに変えていけばいいのでしょうか。

　前項で，論理療法の中心的概念は ABC 理論だと説明しました。エリスは，後に，この ABC 理論に「D」（Dispute：論破）を追加し，ABCD 理論としました。イラショナル・ビリーフを持っていた場合，「C」（Consequence：結果・問題）が非現実的な結果となります。ですので，論理療法では「B」（Belief：思い込み・信念）がいかに非合理的かを論破するのです。「理性」を駆使して，イラショナル・ビリーフをラショナル・ビリーフに変えるのです。ですが，長年の癖になっているイラショナル・ビリーフを変えるのには努力が必要です。

　もう少し，ラショナル・ビリーフ，イラショナル・ビリーフについて考えてみましょう。

　論理療法は，イラショナル・ビリーフは文化の影響を受けていると考えます。自分のまわりの環境に影響を受けていない人はいません。イラショナルかどうかのチェックポイントというより，むしろイラショナルの原因が，環境の影響ということです。

　その考え方が正しいかどうかということは，証明されているに越したことはありません。しかしながら，私たちのまわりのすべてのことが証明されつくしているわけでは全くありません。証明されているものだけを拠り所にして暮らしていくのは，それこそイラショナルです。

　また，論理療法は，当事者にとっての意味は考えません。単に，合理的な考え方なのか，非合理的な考え方かの違いです。

　次に４つの事例をあげます。これのどこがイラショナル・ビリーフか考えてみてください。

> ワーク 3　花子さんはズルい人だ

私も
つかってるかも…

_____

_____

_____

> ワーク 4　今どきの若者はダメだ！

_____

_____

_____

> ワーク 5　私の母は怖い人です。私が子どもの頃，叱ってばかりいました

_____

_____

_____

> ワーク 6　時速 15㌔で運転していたのですから，私は悪くありません
（徐行運転の指定場所で）

_____

_____

_____

どうでしたか？ワーク6は運転免許を持っていない人には少し難しいかもしれませんが，それ以外は，そう難しくなかったのではないでしょうか。

ワーク3の「花子さんはズルい人だ」は，一見，事実を語っているように思えますが，その人の主観を語っているに過ぎません。

ワーク4の「今どきの若者はダメだ！」は，これも一見，事実を語っているように見えますが，特定の人に対してのことを一般化して語っているだけです。

ワーク5の「私の母は怖い人です。私が子どもの頃，叱ってばかりいました」は，ある時点においては事実かもしれませんが，現在は当てはまらないかもしれません。または，その時点でもワーク3と同様，その人の主観を語っているだけかもしれません。

ワーク6は少々難しいですね。徐行運転とは車が直ちに停止できるような速度のことです。時速○○キロというような数字の定義ではありません。ですから，この場合は単なる勘違いということになります。

ワーク7　次の中でラショナルな考えはどれでしょうか？

（答えは章末にあります）

① 全ての人に愛されねばならない。
② 人に愛されない人間は人間失格である。
③ 人に愛されるにこしたことはない。
④ 愛のない人生は生きるに値しない。
⑤ 全ての人を愛さねばならない。

4．イラショナル・ビリーフをラショナル・ビリーフに変えましょう　45

ワーク 8 次の中でラショナルな考えはどれでしょうか?

(答えは章末にあります)

① 私は,今のところ,タバコをやめる気はありません。
② 人生に嘘があってはなりません。
③ ロングだからといって,皆が皆,だらしない人間とは限りません。
④ 失敗とは,試行錯誤のことです。
⑤ 私の会社が倒産しました。ゆえに,私は次の仕事を探すつもりです。

ワーク 9 嫌な人と付き合わなければならないとき,ラショナルな考え方は次のどれでしょうか?

① 世の中にイヤな奴はいません。みな善人です。
②「本当は,あの人のことが好きなのだ」と自己説得します。
③「あの人は私が思っている通り行動すべきである」という思いがあるから,その人が嫌になるのです。

---

①は願望です。皆善人であってほしいとは思いますが,事実ではありません。自身ですら,「善」と「悪」の部分を持ち合わせています。ですが,得てして私たちは「願望」=「事実」として混同することがよくあります。

②は自分で無理やりつじつまを合わせて,自分を納得させようとしています。論理療法では,つじつま合わせで納得しようとしても変わらないと考えます。むしろ,なぜ,その人の事を嫌になっているのかを考えて,その考え(イラショナル)をラショナルに修正していきます。

③は論理的なので,③が正解です。

46 第3章 考え方の癖を知る!

❀ 次がこの章の最後のワークです。

ワーク 10　これは「Who am I ?」と言われているものです（Kuhn & McPartland, 1954）。
次の「私は_____」の下線部分に，自分自身のことを思いつく順番に書いてみてください。✎

私は＿＿＿＿＿＿＿＿＿＿＿＿＿＿＿＿＿＿＿＿＿＿＿＿＿＿＿＿＿＿＿＿

私は＿＿＿＿＿＿＿＿＿＿＿＿＿＿＿＿＿＿＿＿＿＿＿＿＿＿＿＿＿＿＿＿

私は＿＿＿＿＿＿＿＿＿＿＿＿＿＿＿＿＿＿＿＿＿＿＿＿＿＿＿＿＿＿＿＿

私は＿＿＿＿＿＿＿＿＿＿＿＿＿＿＿＿＿＿＿＿＿＿＿＿＿＿＿＿＿＿＿＿

私は＿＿＿＿＿＿＿＿＿＿＿＿＿＿＿＿＿＿＿＿＿＿＿＿＿＿＿＿＿＿＿＿

私は＿＿＿＿＿＿＿＿＿＿＿＿＿＿＿＿＿＿＿＿＿＿＿＿＿＿＿＿＿＿＿＿

私は＿＿＿＿＿＿＿＿＿＿＿＿＿＿＿＿＿＿＿＿＿＿＿＿＿＿＿＿＿＿＿＿

私は＿＿＿＿＿＿＿＿＿＿＿＿＿＿＿＿＿＿＿＿＿＿＿＿＿＿＿＿＿＿＿＿

私は＿＿＿＿＿＿＿＿＿＿＿＿＿＿＿＿＿＿＿＿＿＿＿＿＿＿＿＿＿＿＿＿

私は＿＿＿＿＿＿＿＿＿＿＿＿＿＿＿＿＿＿＿＿＿＿＿＿＿＿＿＿＿＿＿＿

私は＿＿＿＿＿＿＿＿＿＿＿＿＿＿＿＿＿＿＿＿＿＿＿＿＿＿＿＿＿＿＿＿

私は＿＿＿＿＿＿＿＿＿＿＿＿＿＿＿＿＿＿＿＿＿＿＿＿＿＿＿＿＿＿＿＿

私は＿＿＿＿＿＿＿＿＿＿＿＿＿＿＿＿＿＿＿＿＿＿＿＿＿＿＿＿＿＿＿＿

4．イラショナル・ビリーフをラショナル・ビリーフに変えましょう

私は_____

私は_____

私は_____

私は_____

私は_____

私は_____

私は_____

　20個，できましたか？

　できましたら，再度，その文章を見直してください。その中で，自身のことをネガティブに表現しているものはありませんか？

　たとえば，「私はだらしない」等です。その表現をポジティブに変えてみてください。この文章でしたら，「私は大らかな性格です」等です。

　私たちの言葉には，人格を表現する言葉がたくさんあります。慌て者，頼りない，愚図，等々。この視点は裏から見るか，表から見るかの違いだけです。たとえば，慌て者→テキパキ屋，頼りない→可愛い，愚図→丁寧，等々です。

　さあ，イラショナル・ビリーフをラショナル・ビリーフに変えて，さわやかな自己表現をしていきましょう。

■3章のワークの答え
ワーク7（p. 45）　③
ワーク8（p. 46）　③，④，⑤

48　第3章　考え方の癖を知る！

この章をふりかえって

❀ どのくらいわかったか，チェックしてみよう！

よくわかった　　まあまあ　　　　あまり　　　　わからなかった
　　　　　　　　わかった　　わからなかった

❀ 自分の生活にいかすヒントはあったかな？

あった　　すこしあった　　あまりなかった　　なかった

❀ 心に残ったことなどあったら，書いてみよう！

第4章

さわやかな自己表現をするためのトレーニング

～コミュニケーション場面を想定して～

 1. ネット社会の自己表現

　メールやSNSなど，手軽にコミュニケーションを取れる手段が普及し，多くの人がインターネットを介してやり取りをしています。ブログ（ウェブ日記）の公開で新たな人間関係が生まれ，FacebookやTwitterではつながりを中心としたコミュニケーションが展開されています。このように，現代の若者の自己表現，自己主張の場はオンライン空間へと移行しつつあると言われています。ネット上では新しい自分，本当の自分を表現できるという若者が多く見られます（丸山・柴橋，2013）。

　また，この5年ほどでスマートフォンの利用率が急増し，10代，20代では1日の利用時間が2時間以上に及び，LINEなどのソーシャルメディアの利用がその大部分を占めています（平成29年度版情報通信白書）。ネットの普及のおかげで多くの人と，どこにいても手軽にやり取りすることができ，以前は考えられなかったほど交流回数や交流相手は増えています。しかし，それらのやり取りのほとんどが文字を用いたもので，直接，人と会って対面で話をする機会はずいぶん減っています。友人とのやり取りだけではなく仕事上でもそうした傾向がみられ，同じ職場で隣に座る同僚にさえもメールで連絡を入れることが日常的に行われています（樋口，2013）。

　Face to faceの対人場面に苦手意識を持つ若い人が増えている背景にはこうしたネットによるコミュニケーションが主流となったことがあると考えられますが，同時に日常生活の変化もその一つの要因になっていると考えられます。

2. 自己表現トレーニング

皆さんはこの一週間に他の人とどのくらい直接会話しましたか。

自己表現する力を身につけるには，多くの場面で直接人と関わり，いろいろな経験をすることが役に立ちます。しかし，現代ではそうした機会が少なくなってきています。たとえば，コンビニやスーパーに行けば一言も話さなくても買い物ができ，インターネットを使えば多くの商品を家にいながらボタン一つで買うことができます。一昔前までは，八百屋や肉屋，魚屋をはじめ，商店で，店の人とやりとりしながら買い物をすることが日常的でした。また，町を歩けば近所の人と挨拶を交わし，子どもがバスに乗れば隣に座った大人が「どこに行くの？おつかい？」と気軽に声をかけていました。 今では，そういった光景が少なくなり，家の外に出ても誰とも直接話すことなく一日が過ぎていくということも珍しくはありません。

これまでは自己表現は自然に身につくものという考えが一般的でした。小さいころから自己表現したり，まわりの人のやり取りを見たりする経験を通して，どのような場合にどのように表現したらよいのか，その場で学ぶ機会がたくさんあったからです。しかし，今では，そうした経験をする機会がかなり減ってしまいました。

その経験不足を補うには，基本的な自己表現のスキルを学ぶトレーニングが役に立ちます。自己表現は社会的スキルの一つで，学ぼうと思えば誰でも，いつでもその方法を学べます。

あなたの苦手な対人場面はどのような場面でしょうか。いろいろな場面や状況を想定しながら，適切な自己表現ができるように練習しましょう。

> **ワーク 1** 　自己表現の「3種の神器」は？

相手と言葉でやりとりし，よりよい関係を作りたいと思うとき，どのような心構えが揃っていると役に立つと思いますか？あなたがふだん気をつけていることを3つ書いてみてください。 ✑

①_____

_____

52　第4章　さわやかな自己表現をするためのトレーニング

② _____

_____

③ _____

_____

3. 言語表現に役立つ4つの心構え

平木（2009）が言語表現の心構えとしてあげている中から，次の4つをみていきましょう。

> 1．自分を相手に知らせる
> 2．おまけの情報を提供する
> 3．質問を使い分ける
> 4．積極的に相手に耳を傾ける

ワーク1で書いたことと比べてみるとぴったり当てはまる内容もあれば，意外に思われる内容もあるかもしれません。この4つの心構えについて，ワークを交えながら考えていきましょう。

1．自分を相手に知らせる

人と一緒に何かをするとき，自分のことを知らせない話し合いはなく，自分を知らせないで仲良くなったりすることもできません。相手に対して，自分のことをオープンにすることはよい関係をつくるための第一歩です。そもそもコミュニケーションするということは自分の体験したことや考えていることを誰かにわかってもらいたいという動機から生まれる行動です。何か心が動くような出来事を見たり，聞いたり，考えたりしたとき，それを相手に届けたいと思って，絵や音楽や踊り，詩や文章などさまざまな方法で表現します。

会話もその一つ，話すことで表現しようとするものです。

言葉で自分の気持ちを表して初めてあなたの思いが伝えられます。以心伝心で，何も言わずにわかってもらえればよいのですが，なかなかそううまくは行きませんね。でも自分をオープンにすれば，あなたのことをわかってもらえる確率が上がります。そして相手も安心してあなたに自分のことを伝えようとするでしょう。

魅力的な人ほど本音を話していると思うことはありませんか。うそや無理がなく，言葉がそのままその人になっているとき，その人のことが少し理解しやすくなり，安心します。その人に近づこうと思えるのです。

自分のことを相手に知らせる，オープンにすることは，二人の間の壁を減らして，風通しをよくすることと言えるでしょう。

ワーク 2　自分のことを知らせる──「私はこういう風に感じています」
身近な○○さん（例：友だちになったばかりの人）の印象は？
想像して答えてください。

1. 出身地はどこだと思いますか？

_____

2. 兄弟姉妹はいると思いますか？

_____

3. いると思うなら，何番目でしょうか？

_____

4. 好きな食べ物は何だと思いますか？

_____

5. 趣味は何だと思いますか？

_____

6. 好きな俳優は誰だと思いますか？

_____

> **ワーク 3**　自分のことを知らせる——「私はこんな願いを持っています」

私の第一印象は _____

だと思う。

今, _____

のような第一印象を持ってもらいたい。

２．おまけの情報を提供すること

　会話をよく観察していると，一生懸命やり取りしているにもかかわらず，うまく流れない会話がときどきみられますね。「あなたは高校生ですか？」「はい」，「もう春休みですか？」「まだです」というように，質問に対してきちんと答えているのですが，それ以上の情報がないので会話がそれ以上膨らむことがありません。

　「私質問する係」「あなた答える係」のように，役割が固定した会話は，そこで終わってしまいます。それに対して，話のうまい人は，自分を知らせることをためらわないのはもちろん，おまけの情報を付け加えるのが上手です。

　以前，次のような会話を偶然耳にしました。浴衣を着た若い女性と着物が似合う年配の女性との会話です。

　　「自分で浴衣を着るのは初めてですが，おかしくないですか？」

　　「いいえ，上手に着られていますよ。この端のところが，ぴったり合っていてきれいです。浴衣の大きさが，あなたにちょうど合っていてよかったですね。大きさが合っていないと，こうはいきませんから。昔，着付けを習っていたころ，この端の線が合っているか，どうかよく先生に注意されたものです」。

３．言語表現に役立つ４つの心構え　　55

短いやり取りですが，ただ質問に対して「イエス」か「ノー」かだけではなく，着付けのポイントがさりげなくつけ加えられていて，聞き手にとってはお土産を頂いたような会話になっています。このように，おまけの情報として質問に関連したことや関心のあることを少し付け加えるだけで会話は膨らみ，話題を共有できる領域をひろげることができます。

　自動車のペダルやブレーキの操作には，運転者のちょっとした動作に反応して誤作動しないようにするために，少し「遊び」が設定されているそうです。それは安全のための仕組みですが，おまけの情報も会話を円滑に進めるための「遊び」といってもよいかもしれません。直接質問に関係がないことでもやり取りに「遊び」の部分があることで，のびのびといろいろな方向に会話が発展する可能性が出てくるのです。

ワーク4　　おまけの情報を提供する

　次の二人の会話は，何がおかしいでしょうか？隣人が話しかけてきたとき，どのように受け応えを変えるとうまく流れる会話になりますか？
　おまけの情報を提供しながらアサーティブな会話にしてみましょう。

　　　Bさん：アルバイト，大変でしょう？
　　　Cさん：いいえ，そうでもありません。
　　　Bさん：大学何年生？
　　　Cさん：3年生です。
　　　Bさん：何を勉強しているの？
　　　Cさん：心理学です。
　　　Bさん：面白い？
　　　Cさん：はい，面白いです。

3．質問を使い分ける

　質問には「閉じた質問（Closed Questions）」と「開いた質問（Open Questions）」があります。「閉じた質問」は，「はい（Yes）」「いいえ（No）」や短い単語で答えられるような質問です。

　また，「開いた質問」は，「どんな（What）」「どうして（Why）」「どのように（How）」などが用いられ，自由度の高い答え方ができる質問です。

閉じた質問と開いた質問の会語の例をあげてみましょう。たとえば

❁「ディズニーランドは，楽しいですか？」・・・（閉じた質問）
　　🗩「はい，楽しいです」

「ディズニーランドは，どのような楽しみ方がありますか？」・・・（開いた質問）
　　🗩「アトラクションやパレードなどいろいろ楽しむことができます。ただ，
　　とても混んでいるアトラクションもありますから，行く前に計画を立ててか
　　ら行くことをお勧めします」

❁「仕事には満足していますか？」・・・（閉じた質問）
　　🗩「いいえ」

「最近の仕事のことを聞かせてください」・・・（開いた質問）
　　🗩「残業が多くて大変です。どこも人手が足りないようで」

　「開いた質問」は，「〜はどうですか？」など答える人が話す内容を選択する余地
がある問いかけですので，話が膨らみやすく，会話のきっかけとなります。その反
面，あまりに漠然としていると，たとえば初対面で相手のことがよくわからないと
きなどは答えにくく感じられます。

　一方，「閉じた質問」は，はっきり「はい」とか「いいえ」「いつ」「どこ」とい
った明確で端的な返事がほしいとき，ものごとの結果をはっきりさせたいときに有
効です。

　また，「○○のように私は感じたのですが，それで合っていますか？」という問
いかけも「はい」，「いいえ」で答えられる閉じられた質問です。こうした問いかけ
は相手のことを決め付けることなく，相手の気持ちがわからないから教えてほしい
という意味で使うと相手の気持ちを確認しやすくなります。

　ただし，閉ざされた質問ばかりしていると，会話が膨らまず途切れがちになりま
す。大切なのは，状況に応じてどちらの質問をしたほうがよいか使い分けていくこ
とです。

3．言語表現に役立つ4つの心構え　　57

ワーク 5　質問を使い分ける

　春休みに友だちと旅行に行こうと話している。行き先や宿泊場所は決まっていない。この場面を想像して，「開いた質問」と「閉じた質問」を作ってみよう。

　開いた質問：

_____

_____

_____

　閉じた質問：

_____

_____

_____

ワーク 6　質問の仕方を変える

・開いた質問を閉じた質問にしてみよう。
　「あなたはふだん休日はどんなことをしているの？」

　➡

_____

・閉じた質問を開いた質問にしてみよう。
　「採用試験のときの面接官は一人だった？」

　➡

_____

4. 積極的に相手に耳を傾ける

　これまでは話すことについての心構えをみてきました。もう一つとても大切なことがあります。それは相手の話に耳を傾けることです。話す人は聴いてくれる人がいるので話せるのです。私たちはふだん相手の話を聴いているようで，実は途中で関係のないことに気持ちがそれたり，自分が次に話すことを考え始めたりしていることがよくありますね。話すことばかりに気をとられていると会話がうまくかみ合わないまま進んでいってしまいます。話を聴くことは，受身ではなく相手をわかろうとする積極的，能動的な行為で，聴くというアサーションがあることを覚えておきましょう。

　ところできくという漢字には，「聴く」のほかに「聞く」「訊く」などがあります。それぞれの意味をみると，

　　・聞く…音や声が耳に自然に入り，身体の機能としての聞こえるという意味。
　　・聴く…傾聴の聴。耳を傾け，まっすぐな心でよくきくという意味。
　　・訊く…訊問の訊。たずねる，答えを問う意味。

　聞くという字が一般的に使われることが多いのですが，相手の言葉や態度に耳と心を傾けることに最も近いのは，「聴く」といえるでしょう。相手の言葉からその人が思っていることや願っていることを想像して決め付けずに話を聴こうとするとき，相手もあなたに心を開き，安心していろいろ話してみようと思います。また，相手の話をよく聴くと，だんだん相手のことがよくわかってきて，自分も話したいことが出てきます。特に自分から話し出すのが苦手な非主張的な人は無理に話すよりも，まずはよい聴き手になることからはじめてみてください。

3. 言語表現に役立つ4つの心構え

ワーク 7 「聞く」ではなく「聴く」エクササイズ

「ブローチの話」：傾聴エクササイズ （誰かに読んでもらって試みると効果がありますよ）

　まり子さんは，大好きなお祖母ちゃんから貰ったブローチをとっても大切にしていました。そのブローチは，バラの花束の形をしていて，周りが真珠で取り巻かれていました。とても綺麗でした。まり子さんはそのブローチを重要な時にしか着けませんでした。

　まり子さんの卒業式の謝恩会の日，もちろん，そのブローチをつけていきました。ブローチが特に映えるようなドレスも新調しました。パーティが終わり帰宅しました。疲れて，その日はぐっすり寝ました。

　翌朝，椅子にかけてあったドレスをしまおうと，ふと見たら，何と，大事なブローチがありませんでした。「落としたんだろうか？」

　大急ぎで，部屋やリビングや玄関を探しましたが，ありません。青くなって，駅まで辿っていきましたが，ありません。会場にも電話して問い合わせましたが，ないようです。

　すっかり気落ちしてしまいました。はしゃぎすぎて，罰が当たったんだろうかと，そんな馬鹿げた考えも浮かびました。

　所在無げに，机の引き出しを開けると，何と，そこにブローチがあるではないですか。お母さんが，なくすといけないとそっとドレスからはずしてしまっておいてくれたのでした。

❀ 「ブローチの話」についての質問

　　1．どんなブローチですか？

　　2．誰からもらったのですか？

　　3．どうして，大事だったのですか？

　　4．まり子さんはそのブローチをどうしたのですか？

　　5．いつ，見つけたのですか？

　　6．どこにあったのですか？

ワーク7をしてみていかがでしたか？
話を聴くことは簡単なようで，案外難しいことに気づいたのではないでしょうか。

4. 言語表現の2つの場面：「メンテナンス」と「タスク」のアサーション

　私たちが出会う言語表現の場面は大きく次の2つの場面に分けられます（平木，2007）。一つ目は，挨拶などの日常的なやりとりの場面です。そこでは人間関係を開始したり，維持することを目的としています。こうした場面でのアサーションを**「メンテナンス（maintenance ＝関係維持)」のアサーション**とよびます。二つ目は，問題解決や課題の達成が求められる会議や話し合いの場面です。そこでは，何らかの結論や成果を得ることを目指し，ステップを踏んだやりとりが求められます。それを課題達成のための**「タスク（task ＝課題)」のアサーション**と言います。

❀ メンテナンスのアサーション

友だちや家族，同僚や知人と安定した人間関係を作り維持するための日常的な会話は，挨拶からはじまり，体験や感情を共有するなど広い範囲に及びます。また，パーティや宴会などではお互いに紹介し合って関係を作るなど社交的な会話が必要になります。

こうしたやりとりは，仕事や問題解決のように成果が見えるものではありませんが，私たちが安定して健康に暮らしていくために，睡眠や食事と同じように不可欠なものと言ってよいでしょう。

挨拶は相手の存在を認め，関係を維持する意志を伝え，労いや慰め，励ましの言葉かけによって相手を大切に思っていることを伝えることができます。また，感謝や称賛も関係を維持する上で忘れてはならない言葉かけです。これらのメンテナンスのアサーションに使われる言葉をいくつか挙げてみましょう。

ありがとう	うれしい	ごめんなさい
すごい	すばらしい	おめでとう
お疲れさま	困っています	お世話になります

などです。ふだんあなたはどのくらいこうした言葉を使っていますか。メンテナンスのアサーションは，ほんの一言でも人間関係にとても大きな力を発揮します。思いやりや配慮の言葉かけを通して，「あなたのことを大切に思っていますよ」というメッセージが伝えられるのです。

❀ タスクのアサーション

仕事の場で仲間と連携をとって計画を立てたり，問題解決を図ったりするとき，そのコミュニケーションはタスク（課題）を中心に行われます。目的や現状を共有するために情報を分かち合い，問題を見定めて最もよい解決策を選び，実行します。また，葛藤や対立を超えて納得のいく合意点を探るときにも，状況を冷静に分析して，具体的な提案をしながら交渉を重ねます。

山に登るときは，情報収集や準備が欠かせませんね。同じように，問題解決や課題達成に取り組むとき，結論や効果を得るためには段取りを組み，ステップを踏ん

で表現できるようにしておくことが大切です。こうした交渉や提案の具体的な流れを示したものの1つに「DESC法」があります。それについては後ほど説明します。

❀ 「メンテナンス」と「タスク」のバランスと切り替え

　課題の解決ばかりに偏りすぎて，相手への配慮やねぎらいのない組織では人々はやがて疲れ果ててしまいます。ギスギスした関係の中では協力して解決に向かおうという意欲すら薄れていくことでしょう。

　メンテナンスのアサーションはサルの毛づくろいに似ていると言えるかも知れません。サルが他のサルの毛づくろいをすることを**社会的グルーミング**といいますが，霊長類の世界では，信頼関係や絆を構築し協調関係や順位付け，争いごとの和解などに重要な役割を果たしていることが知られています（Schino, Scucchi, Maestripieri, & Turillazzi, 1988）。

　毛づくろいは，個体の緊張やストレスを減少させ，さらに毛づくろいをした相手から互恵的な行動が得られるというメリットもあることがこれまでの研究から示唆されています（上野，2016）。

　人類学者のダンバー（Dunbar, 1998）によると，人間の言葉は，サルの毛づくろいの延長で，集団が大きくなって「毛づくろい」ができなくなったとき，それに代わるコミュニケーションの手段として生まれたのが人間の言語（ゴシップ）だそうです。

　このように見てくると，言葉かけによって関係を開始し維持する「メンテナンス

図1　毛づくろいするサル
http://blog-imgs-88.fc2.com/f/i/s/fish2423/20151127140840fd3.jpg

のアサーション」は，サルの毛づくろいのように集団の結束を高め，共通の課題に協力して取り組む「タスクのアサーション」に大きな効果を発揮すると言えそうです。

もう一つ大切なことは，場面の違いを意識して切り替えるということです。

タスクのアサーションは苦手でもメンテナンスのアサーションは得意という人，あるいはその逆の人もいるでしょう。そうした人によくみられるのは，場面による切り替えができずにいつも同じパターンで話してしまうことがあげられます。常に論理的で理路整然と話さなければならないと思っていて，日常の会話やパーティなどの場面でもそれをそのまま使ってしまう。あるいは，逆に論理的に話をしなければならない場面で，関係を気遣って情緒的に話してしまうなどです。

場面に合わない話し方では会話がうまくいかず，ますます苦手になってしまいます。

今はどの場面なのか，場面が変わったら「チェンジ！」と小さく心の中でつぶやいて，意識を切り替えてみるのもよいでしょう。

ワーク 8 あなたにとって難しい対人関係や苦手に思える状況は，メンテナンスとタスクのアサーションのどちらですか？

_____

_____

_____

苦手な場面は人それぞれ違いますね。
では２つの場面に応じた表現のしかたについて考えてみましょう。

64　第4章　さわやかな自己表現をするためのトレーニング

5. 2つの場面の具体的な表現のしかた

❀ パーティでの会話（メンテナンスのアサーションの例）

　パーティや宴会，学生同士のコンパなど，人付き合いのための場では，司会者もいないし，プログラムが決まっているわけでもありません。どう過ごすかはその人に任されていて，このような場に慣れていない人や苦手な人は，誰と会話を開始し，どのような話を続ければよいのか戸惑ってしまいます。また，いつまでも話を切り上げられずに同じ人とずっと話してしまうこともあります。社交的な場の会話で必要なスキルは，その場の流れに応じた次の3つがあげられます（平木，2007）。

> 1．会話の始めかたと会話への加わりかた
> 2．会話の続けかた
> 3．会話の終えかた

1．会話の始めかた

　会話を始めるときや会話に加わるときのコツは，質問することです。質問には答えが返ってくるので会話が始まります。自分の関心のあること，相手が得意なことや興味を持っていることを尋ねます。

　「趣味は何ですか？」「旅行です」「そうですか，私はスポーツが好きで…」というように話題を自分に向けてしまうと話が終わってしまいます。「どのようなところに行かれるのですか？」「旅行で楽しみにしているのは？」など相手の答えをもとにさらに話題を広げるような気持ちで話しましょう。

2．会話の続けかた

　次に，社交的な会話を続けるコツは話がリフレッシュされるよう気をつけることです。一方向ではなくいろいろな方向に話題が膨むように話をします。また，一つの話題 こだわりすぎないことも大切です。

　話がひと段落したら，「少し話題が飛びますが」と伝えた上で別の内容を持ち出して話題を変えます。社交の場は議論する場ではありませんから，一つのことを深く相手に尋ねすぎず，軽やかに楽しめるような話題を心がけます。自分がそのような話題を提供できるように，ふだんから何かに関心を持ち，知識を得ておくことも大切です。

3．会話の終えかた

　最後に会話を終えるときは，「これで失礼します。ありがとうございました」，「今日は楽しかったです。また会いましょう」と関係をつなぐ言葉を添えて別れの言葉を言います。会話をあまり長びかせずにあっさりと切り上げることで，かえって相手にさわやかな印象を与え，また会いたいという気持ちが残るものです。

6．問題解決のための DESC 法：タスクのアサーションの例

　課題達成・問題解決のためのアサーションでは，まず自分の考えや気持ちを整理し，明確にしてから話す必要があります。「今何が起きているのか」，「自分はどう感じ」，「どのような変化を相手に期待しているのか」について，台詞（せりふ）を用意しておくことで，対立や葛藤が予想されるような場面でも自信を持って発言や提案ができるようになります。以下では，こうした表現方法のひとつである「DESC 法」を紹介します（平木, 2009）。

D：describe　描写する

　自分が対応しようとする状況や相手の行動を描写する。相手と自分が共有できるように客観的，具体的に述べる。

E：express, explain, empathize　表現する　説明する　共感する

　その状況や相手の言動に対して，自分の主観的気持ちを表現し，説明する。特定の事柄や言動に対して明確に，あまり感情的にならずに述べる。

S：specify　特定の提案をする

　相手に望む行動，妥協策，解決策などの提案をする。具体的，現実的に，小さな行動の変容について，明確に提案を述べる。

C：choose　選択する

　相手が提案を肯定した場合や否定した場合を想像し，それに対して自分はそれぞれどのような行動をするか選択肢を示す。その選択は具体的，実行可能なもので相手を脅かすものではないように注意する。

それでは，DESC法で実際に台詞をつくってみましょう。

🌸 家の前に車が駐車されていて，自分の車が出せない場合

> **D** この家の者ですが，私の家の前に車を止めていらっしゃいますね。
>
> **E** 何か特別な事情でもおありでしょうか？
> 私の車が出せず，とても困っています。
>
> **S** 近くに駐車できる場所がありますので，
> そちらを利用していただけませんか？
>
> **C** （yes）有難うございます。
> （no）それでは，車が出せるよう，少し移動して頂けますか？

ワーク9 次の3つの場面でDESC法を使って，問題解決の例を入れてみてください。

1．アパートの上の住人が，夜中に洗濯機を回してうるさい。

D：＿＿＿＿＿＿＿＿＿＿＿＿＿＿＿＿＿＿＿＿＿＿＿＿＿＿＿＿＿＿

E：＿＿＿＿＿＿＿＿＿＿＿＿＿＿＿＿＿＿＿＿＿＿＿＿＿＿＿＿＿＿

S：＿＿＿＿＿＿＿＿＿＿＿＿＿＿＿＿＿＿＿＿＿＿＿＿＿＿＿＿＿＿

C：yes＿＿＿＿＿＿＿＿＿＿＿＿＿＿＿＿＿＿＿＿＿＿＿＿＿＿＿＿

　：no＿＿＿＿＿＿＿＿＿＿＿＿＿＿＿＿＿＿＿＿＿＿＿＿＿＿＿＿

6．問題解決のためのDESC法：タスクのアサーションの例

２．友だちから，お金がなくて困っているので３万円貸して欲しいと言われた。あなたは，今，アルバイト料が入り５万円所持している。しかし，以前貸したとき，なかなか返してくれなかったことを思い出す。

D：_____

E：_____

S：_____

C：yes_____

　：no_____

３．サークルでの話し合いがなかなか終わらない。始まって２時間過ぎたが，話はいっこうにまとまらない。

D：_____

E：_____

S：_____

C：yes_____

　：no_____

　ワーク９をやってみていかがでしたか？　DESC法を用いて自分の気持ちや考えを整理してみると，言いにくいことも表現しやすくなります。DESC法を使っていろいろな表現のしかたを工夫してみましょう。

　もちろん，実際に言うときは，この順番通りでなくてかまいません。場面や状況に応じて，上手に使い分けることも大切です。

この章をふりかえって

❊ どのくらいわかったか，チェックしてみよう！

よくわかった　　　まあまあ　　　　あまり　　　　わからなかった
　　　　　　　　　わかった　　　わからなかった

❊ 自分の生活にいかすヒントはあったかな？

あった　　　すこしあった　　　あまりなかった　　　なかった

❊ 心に残ったことなどあったら，書いてみよう！

_____

_____

_____

_____

_____

_____

_____

コラム8　アサーションの活躍の場

　アサーションは社会のさまざまなフィールドで活用されています。例を挙げると，

- ・面接試験：自己 PR の場
- ・医療・福祉，教育，小売，飲食業，サービス業など，人と関わる職務
- ・異文化交流：留学，海外生活
- ・職場でのセクシャルハラスメントやパワーハラスメントの防止
　職場における女性の地位向上
- ・人材育成：社員の自己表現，積極性アップ

　また，子どものためのアサーション教育や夫婦・親子関係におけるアサーション支援，さらには DV 防止や DV 被害者のためのアサーション支援など，昨今では広く行われるようになっています。

70　　第4章　さわやかな自己表現をするためのトレーニング

第5章

言葉以外のさわやかな表現とは

～ノンバーバル・コミュニケーション～

 1. ノンバーバル・コミュニケーションとは

　この章では，言葉以外のさわやかな表現がテーマです。「言葉以外」の表現とは何でしょう。

　「verbal」とは，「言葉の，語の，口頭の」という意味です。もう少し，専門的な言語学分野では，「音声言語の」（この場合，強調アクセントやイントネーションは含みません）という意味です。つまり，バーバル・コミュニケーション（verbal communication）とは，言葉，文字を使ったコミュニケーションのことです。ですので，手話や手紙等もバーバル・コミュニケーションです。

　一方，ノンバーバル・コミュニケーション（non-verbal communication）とは，言葉を使わないコミュニケーションのことです。顔の表情，身振り，手振り，視線，姿勢，服装，ヘアスタイル，声のトーンや声質等を使ったコミュニケーションのことです。

②．文化により異なるノンバーバル・コミュニケーション

　ノンバーバル・コミュニケーションは文化によって結構異なります。たとえば，日本では相手に向かって自分の手を前後に振ると（オイデオイデ），「こちらに来てください」という意味ですよね。ところが，アメリカでは，「あっちに行ってください」という意味になります。正反対ですよね。

　ここでひとつ文化の違いを表すコラムを紹介します。

コラム9　アメリカからきた英語の先生

　アメリカからやってきた英語の先生（ネイティブ）の話しです。
　日本の中学校で英語を教えることになりました。何か月か経って，その先生も生徒もお互い慣れてきました。
　ある日，生徒から「先生は，こっちの話を聞いていないように思うことがある。こっちが喋っているのに，ただこっちを見ているだけだ」と言われました。確かに，他の日本の先生は生徒の話を聞いているとき，よく頷きながら聞いていることに気が付きました。

　１，２年経ったある夏，先生は母国のアメリカに一時帰国しました。久しぶりに友人たちと再会し，おしゃべりを楽しみました。ふと，友人の１人が「君，首がどうかしたのかい？」と尋ねてきました。先生は「いいや，何もなっていないよ。どうしてそんなこと訊くのかい？」と問い返しました。その友人は答えました。「さっきから，君は首を振ってばかりいるじゃないか。首が痛むのかい？」

　ノンバーバルも文化によってずいぶん違うものですね。この日本人の「頷き（うなづき）」は，国際的に見て独特のようです。ネットで検索してみると，いろいろな話が載っています。

　もうひとつ，興味深い話をしましょう。アメリカと日本の育児法の違いです。ある調査によると，アメリカのお母さんは赤ちゃんと一緒にいる時間が日本より短いのだそうです。ですが，赤ちゃんと一緒にいる時は，日本のお母さんより表情豊かに優しい言葉で話しかける頻度が多いのだそうです。一方，日本のお母さんは赤ちゃんと一緒にいる時間が長いのですが，一緒にいても赤ちゃんにそんなに言葉かけ

をしないのだそうです。

　よく日本人は表情が少ないと，諸外国の人から指摘されます。こういった育て方の影響もあるかもしれませんね。

　私たち日本人はよく子どもの頭を撫でます。それは「よくできたね〜。えらい，えらい」というメッセージ（ノンバーバル・コミュニケーション）ですよね。しかし，タイの国ではタブーです。タイでは頭は神聖なもので，その頭を撫でると体の中にあるピー（精霊のこと）が逃げてしまうと信じられているからです。

　私たちが首を横に触る場合，「いいえ，違います」等のメッセージですよね。しかしトルコでは「分かりません」のメッセージです。トルコでの「いいえ，違います」のノンバーバル表現では，首を後ろにそらして目を細めたり舌打ちするのだそうです。

　ある国のお話しです。そこでは，美しいもの（美しい女性等）を見たとき，男性は「あかんべー」のように目の下まぶたを引っ張る習慣があるのだそうです（八代等，2009）。にわかには信じられないですよね。所違えば，ノンバーバルも変わるものです。

コラム 10　日米の育児の違い

　アメリカでは，新生児の赤ちゃんでも部屋（ベビールーム）が与えられ，そこで赤ちゃんが過ごすというスタイルが多くみられます。

　筆者は第1子をアメリカで出産しました。出産後，小児科医からの育児法アドバイスが病院のベッドの枕元に置かれていました。そこには，「お母さんが自分のベッドに赤ちゃんと一緒に寝ることは好ましくない」と書かれていました。「できれば，赤ちゃん専用の部屋を用意し，そこに赤ちゃんを寝かせましょう」と書かれていました。「夜中，赤ちゃんが泣いて授乳しても，授乳が終わるとベビーベッドに赤ちゃんを戻して，自分の寝室にさっさと戻りましょう」とも書かれていました。

　日本では，多くのお母さんは赤ちゃんと一緒の布団やベッドで寝ることが多いのではないでしょうか。アメリカの小児科医のアドバイスにもかかわらず，筆者は新生児の赤ちゃんを一人別の部屋に寝かせる勇気がなく，一緒に同じベッドに寝ていました…。

3. ノン・バーバル・コミュニケーションとしての表情

　前項では，文化によってノンバーバル・コミュニケーションがずいぶん違うということを見てきました。

　ここではその逆で，普遍的なノンバーバル・コミュニケーションを見ていきましょう。

　それは「表情」です。人の基礎的な感情である「喜び」「怒り」「恐怖」「悲しみ」「嫌悪」「驚き」に対する表情は普遍的なものとされています（図1）。

　このことを明らかにしたのは，エクマン（Ekman, P.）というアメリカの心理学者です。20世紀の傑出した心理学者100人にも選ばれた研究者です。エクマンは基本的な「表情」が文化的依存ではなくて，人類に普遍的な特徴であること，生得的基盤を持つことを明らかにしました。エクマンは，パプアニューギニアの部族民を調査研究しました。彼らは当時でもまだ孤立した石器時代と同じようなスタイルで暮らしていました。エクマンは，異なる文化の人の表情の写真を彼らに見せました。そうすると，彼らはその表情の意図を正しく読み取ったのです。エクマンはその結果により基本的な表情が普遍的なものであると結論付けました（Ekman, 1975 工藤訳，1987）。

図1　万国共通の表情

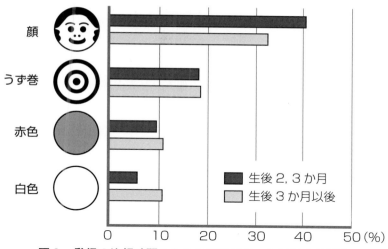

図2　乳児の注視時間からみた図形パターンに対する好み
（Fantz, R. L., 1963 を改変）

　赤ちゃんは生後間もない頃から，顔と似たものをより好んで見ます（図2）。
　生後3か月を過ぎるころから，赤ちゃんは成人と似た顔認知処理の特性が発達し始めます。女性が第一養育者（つまりお母さんの立場）の時は，赤ちゃんは女性の顔の方に，男性の顔より好ましい反応を示します。男性が第一養育者の場合は，女性の顔よりも男性の顔の方に好ましい反応を示します。このことから，赤ちゃんは男性と女性の顔を識別していると言われています。すごいですね。
　社会脳という言葉をご存知ですか。人間の脳の中で，特に社会的な能力と関係した特定の脳領域が明らかになっています。この領域を社会脳とよんでいます。他の人の心の状態を理解したり，その人の意図や興味，関心を認識する能力は，私たち人間にとっては円滑な社会生活を営む上でとても重要なものです。そして，これらのことを他の人の「表情」から読み取っているのです。ですので，表情を読み取ることに関わる脳領域も社会脳の一部ということになります。
　先にお話ししましたように，生後間もない赤ちゃんですら，「顔のようなもの」に興味を示す脳の仕組みがあるのです。

3．ノン・バーバル・コミュニケーションとしての表情

4. ノンバーバル情報の影響力は？

こんな実験があります。男女（実は赤の他人）2人が座っています。

ワーク 1　言葉抜きで，幸せそうなカップルに見えるようにするには，どうしたらいいでしょうか？

_____

_____

_____

ワーク 2　言葉抜きで，幸せそうに見えないカップルにするには，どうしたらいいでしょうか？

_____

_____

_____

このワークはそう難しくはなかったのではないでしょうか？

ワーク1の幸せそうに見えるカップルにするためには，次の3点をしてもらいます。

　　① お互い接近して座る

　　② お互いの目を頻繁に見る

　　③ 自分の身体に触る以上に，相手の身体によくタッチする

ワーク2の幸せそうに見えないカップルにするためには，次の3点をしてもらい

76　　第5章　言葉以外のさわやかな表現とは

ます。
① 自分の腕や脚を組んで座る
② お互いに相手の目を見ることが少ない
③ お互いが離れて座る

どうです？私たちは，いろいろな現象を非言語情報で判断していることが理解できたのではないでしょうか。

 5. バーバル情報とノンバーバル情報が違う場合は？

私たちは何か迷惑をかけたり，間違ったことをしたときには謝罪します。「ごめんなさい」と言いますよね。この時，

① とても申し訳なさそうなトーンと表情で「ごめんなさい」と言われた場合を考えてみて下さい。そして，その後，

② 言葉では「ごめんなさい」と言いつつ，こちらを凝視したり，荒げた言い方をされた場合を考えてみて下さい。もしくは

③ 目をそらせたり，おどけた口調で「ごめんなさーいね」と言われた場合を考えてみて下さい。

①の場合は，謝罪の気持ちが伝わってきて，「気にしないでください」と言ってあげたりしますね。②，③はどうでしょうか。この人，本当に悪いと思っているのだろうかと疑念が湧きませんか。何となく怖くなったり（②），小馬鹿にされたような気分（③）になりませんか。①と違って，②，③は「ごめんなさい」という言葉は同じなのに，なぜ，このような正反対の結果を生むのでしょうか。そして，こういうことは日常でよく経験することではないでしょうか。

メラビアン（Mehrabian, A.）というアメリカの心理学者が，言語情報と非言語情報が矛盾している場合，人はどのように受け止めるのかについて研究しています（Mehrabian, 1968）。ここでいう非言語情報は2種類あります。**聴覚情報**（口調や話す速さ）と**視覚情報**（見た目）です。

> **ワーク 3**　あなたは，上記の実験（言語情報と非言語情報に矛盾がある実験）で，どの情報からの影響が1位だったと思いますか。また，2位，3位はどれでしょう。

　　ア．言語情報－視覚情報－聴覚情報

　　イ．聴覚情報－言語情報－視覚情報

　　ウ．視覚情報－聴覚情報－言語情報

　　エ．言語情報－聴覚情報－視覚情報

　　オ．聴覚情報－視覚情報－言語情報

　　カ．視覚情報－言語情報－聴覚情報

　　結果は，言語情報からの影響が7％，聴覚情報（口調や話す速さ）が38％，視覚情報（見た目）が55％の割合でした（Mehrabian, 1968）。ですので，「ウ」が正解です。ただし，メラビアンの実験は態度や感情のコミュニケーションを扱った場合です。事実報告や要望をするときのコミュニケーションに関しては実験されていません。そのためコミュニケーション全般について適用されるものではありません。

　　しかし，私たちは言語情報より非言語情報の方を重要視して認知するという特徴は分かって頂けたと思います。かなりの部分が非言語のチャンネルを重要視して認知しています（メラビアンの実験では実に93％）。

　　さきほどの例に当てはめてみましょう。「ごめんなさい」という言葉自体は謝罪を表現しているものです。②，③の場合，言葉と矛盾した非言語情報が発せられています。

②**の場合**（こちらを凝視したり，荒げた言い方）：
視覚情報（55％）は，こちらを凝視していること。
聴覚情報（38％）は，荒げた言い方をしていること。
ですので，かえって怖いという感じを持ってしまうのですね。

③**の場合**（目をそらせたり，軽い口調）：
視覚情報（55％）は，目をそらしていること。
聴覚情報（38％）は，おどけた言い方をしていること。
ですので，かえって小馬鹿にされたような感じを持ってしまうのですね。

このように，ノンバーバル情報の影響力はバーバル情報の影響力よりも大きいということになります。

6. なぜ，私たちはノンバーバル情報を重要視するのでしょうか？

　ではなぜ，それほどノンバーバル情報に私たちは影響を受けるのでしょうか？

ワーク 4　上記の問題（ノンバーバル情報からの影響力が大きい理由）について，あなたはどのように考えますか？

_____

_____

_____

_____

　1つには，言葉が信用できないことを私たちは生活の上でいろいろ体験してきているからです。私たちは社交辞令でお世辞を使います。社交辞令ではなくとも，「美しき嘘」という言葉があるように，相手のことを思うがゆえに「本当のことではない」ことを言います。たとえば，入院している知人を見舞った際のことを想像してみてください。かなり痩せられたなぁと思っても，「思ったより元気になられて」と言ったりしますよね。

　パールズ（Perls, F. S.）が創設したゲシュタルト療法という心理療法があります。この心理療法では言葉は嘘をつきやすいと考えているようです（國分，1980，p.250）。そのため，ゲシュタルト療法では非言語情報を重要視するのです。

　2つ目は，非言語メッセージが送り手の無意識のうちに発せられることが多いからです。そして，そのことを経験で知っているからです。無意識は意志の力でコントロールできません。コントロールできるならそれは無意識ではないからです。本人が存在することも知らないのが，無意識です。ですので，無意識からのメッセージは本音であることが多いのです。

3つ目は，非言語情報はまとまった形を取りやすいからです。身体のある部位と別の部位が，互いに矛盾する非言語メッセージを発信することは，非常に難しいことです。たとえば，目が優しく微笑んでいて，口元が怒っているというようなことです。一度，やってみてください。そう簡単ではないということがすぐ分かります。また，身体の1つの部位だけが，他の部位に比べて強いメッセージを発信させることも非常に難しいことなのです。目に強い怒りをみなぎらせて，口元は弱い怒りを表現するなどということです。これもぜひ，一度やってみてください。かなり努力がいります。

　顔は笑っているけれど，声や目が脅しているようなとき，私たちは不気味と感じてしまうのです。

　さらに，工藤・下村（1999）は不一致メッセージに関する研究を行いました。その結果を下記にまとめてみます。

- 対人場面では，非言語情報の方が重視される
- 言語と非言語の情報に食い違いがあるとき，その違いの度合いが大きくなればなるほど，非言語情報に重きが置かれて判断される
- 姿勢と動作のチャンネルにおいては，言語と非言語の食い違いが大きいほど，否定的に判断される
- 非言語チャンネルどうしの相対的効果では，…
  - 言語と非言語が一致しているとき，表情のチャンネルの影響力が一番大きい。
  - 言語と非言語が不一致のとき，声のチャンネルの影響力が一番大きい。

第5章　言葉以外のさわやかな表現とは

7. ノンバーバル・コミュニケーションでさわやかに自己表現を

今まで，ノンバーバル情報が，私たちのコミュニケーションに対してどれほど大きな影響力を持っているかということを見てきました。

影響力を持っているノンバーバル・コミュニケーションを上手に使って，さわやかに自己表現していくことを一緒にみていきましょう。平木（2009）は，非言語的アサーションを，①視覚的要素，②聴覚的要素，③文化的要素の3つの要素にまとめています。それらを具体的にみていきましょう。

1．視覚的要素

視線，表情，姿勢，動作，外見（服装，髪形，お化粧等）などがこれに該当します。

2．聴覚的要素

声の大きさ，話す速さ，トーン，リズムなどです。

ただし，対人関係においては，この1と2に唯一無二のノンバーバルタイプはありません。1と2を気にしすぎると，1章で解説した「I am not OK, You are OK.」の世界になってしまいます。接客のような態度になってしまいます（もちろん，接客にもアサーションは大いに応用できますが…）。アサーションは「I am OK, You are OK.」の世界です。

たどたどしい話し方でも，一見見栄えがしない服装でも，誠実に相手に関わろうとする人に好感を持つことはありませんか。一方，リズムよく恰好よく話せることができ，服装や姿勢もいうことなしの人がなぜか説得力がないように感じることはありませんか。

「I am OK, You are OK.」の世界は本当に深い世界ですね。

次のコラムを読んで考えてみてください。

コラム11：映画「祝辞」から

（これは1985年に公開された喜劇映画なので，時代背景がちょっと古いのですが，そのメッセージ性が本項と合致すると思いますので，紹介します。）

あらすじ：主人公は大手会社の課長で，定年を間近に控えています。家族は，妻，高校生の娘，実母の4人が1つ屋根の下で暮らしています。そして演劇に夢中で勘当された息子が一人暮らしです。

　ある日，専務から専務の息子の結婚式のスピーチを頼まれます。口下手で小心な彼は動揺し，悩みます。不器用な彼は本を読んだり，ビデオを見てみたり…。いろいろ努力しますが，上手くいきません。おりしも，勘当中の息子が結婚したいと，母親に言い出します。そんなこんなの中，彼はようやくこれだというエピソードを思いつきました。家族の前で練習をし，家族も彼のスピーチにいたく感心します。

　いよいよ，結婚式当日。間際まで練習に余念のない彼でした（会場のトイレでも練習するのです）。彼の前に部長のスピーチがありました。その内容が，彼が苦心の末に考え付いたエピソードそのままなのでした。しかも機転の利いたスピーチで会場は大盛り上がり。顔面蒼白となった彼は，心ここにあらずの体で，青ざめたままマイクの前に立ちます。呆然としている彼は「私も2児の父親でありまして…。とかく親の気持ちというものは…」と言ったきり，次の言葉が出てきません。長い沈黙が続き，会場もざわつき始めます。そしてついに，彼は「本日はまことにおめでとうございました」とだけ言って自分の席に戻ってしまいました。

　心折れ放心状態で，彼は帰宅します。家族に当たり散らし，会社も辞めると言い出す始末。そこに専務から電話が入ります。新婦の両親が彼のスピーチに感激していることを告げたのです（つまり，彼の絶望の沈黙を親心のせつなさと勘違いしただけなのですが…）。

　この映画のお話し，妙に納得しませんか。

3．文化的要素

　5章の2では，主に国の違いとして，ノンバーバル情報における文化の違いを述べました。造事務所（PHP文庫）が出版している『日本人が意外と知らないアジア45ヵ国の国民性』『日本人が知らないヨーロッパ46ヵ国の国民性』などは読み物としても面白くお勧めです。少なくとも，「世界は広い」という感覚が味わえます。

82　　第5章　言葉以外のさわやかな表現とは

全ての文化を知ることなど，到底，不可能なことです。ならば，自身の自己責任で自己表現していくことにつきます。異なる文化に直面した時，私たちはしばしば，戸惑い，混乱し，不安を持ちます。なぜなら，私たちは馴染みのないものに対して警戒心を持つようにできているからです。ということは，戸惑ったり，混乱したり，不安になってもよいということです。戸惑ったり，混乱したり，不安を感じたりしている自分を受け止めます。そして，それでも諦めずに相互理解に努めながら，アサーティブに「I am OK, You are OK.」の態度で，コミュニケーションを粘り強く続けていくことです。それ以外にないのです。

❀ ペーシングを身につけよう

NLP という言葉をご存知でしょうか。神経言語プログラミング（Neuro-Linguistic Programming）の略語です。1970 年代，言語学者グリンダー（Grinder, J.）と数学者であるバンドラー（Bandler, R.）が体系化した心理学とコミュニケーションに関する学問です。その NLP の基本のテクニックの 1 つに「**ペーシング**」というものがあります。相手の言葉，価値観，信念，姿勢，呼吸等に合わせるというものです。相手の動きに合わせてダンスを踊っているようなことを想像してみてください（高橋，2010）。相手の姿勢，しぐさに合わせます。相手のノンバーバル情報（たとえば，声の調子等）に鏡のように合わせて同じ動きをしていくのです。相手が足を組んだら，自分も組みます。ただし，注意しなくてはいけないことは**さりげなく行う**ことです。さりげなくが重要です。あからさまに行うと，かえって逆効果になります。からかっているのかと相手が不快になりますので，気を付けてください。相手と同じ行動をとることで，無意識のうちに仲間であるという信頼感が湧きます。

相手が明るいときは，自分も明るく振舞います。相手が沈んでいるときは自分もそれに合わせて沈みがちに振舞います。相手の感情に同調させることで，相手はあなたのことを味方だと感じるようになります。繰り返しますが，さりげなくが重要です。

ゆっくり話しているときは，あなたも同じくらいゆっくり話します。早口の人には早口で話します。相手の使っている言葉を使います。人は自分と似ている人と一緒に居たいと無意識のうちに思っています。よく「類は友を呼ぶ」といいますよね。似ている人に魅力を感じるのです。

しかしながら，無理をすると「I am not OK, You are OK.」の世界になってしまいます。繰り返しますが，さわやかに自己表現する（アサーション）ということは，「I am OK, You are OK.」の世界になるということです。これをお忘れなく！

7．ノンバーバル・コミュニケーションでさわやかに自己表現を　83

この章をふりかえって

❋ どのくらいわかったか，チェックしてみよう！

よくわかった 　　 まあまあ 　　 あまり 　　 わからなかった
　　　　　　　　 わかった 　 わからなかった

❋ 自分の生活にいかすヒントはあったかな？

あった 　 すこしあった 　 あまりなかった 　 なかった

❋ 心に残ったことなどあったら，書いてみよう！

第6章

怒りをどうコントロールし表現するのか

～アンガー・マネジメント～

1. さわやかに自己表現することが困難な状況とは？

　これまで，さわやかに自己表現する（アサーション）ということに関して，役立つ知識とスキルを紹介してきました。

　さわやかに自己表現したいと思っているにもかかわらず，それが結構難しい状況というのがあります。それはどういう状況でしょうか？

　そうです！　それは「怒り」を感じているときです。

　「怒り」はパワフルです。「怒り」は私たちの中に混乱を巻き起こします。「怒り」は人間関係の中に好ましくない対立を起こさせます。ときには「怒り」は，抑えていた別の「怒り」を思い出させ，「怒り」の連鎖を起こします。「怒り」は私たちに不合理で混乱した思考をもたらします。「怒り」は私たちに不合理な思考に固執させたりします。「怒り」は私たちを強い抑うつ状態にしたりします。

　「怒り」は破壊的な感情です。そのため，私たちは「怒り」を感じると，冷静に振舞うことが難しくなり，失敗しやすくなります。

　一旦，「怒り」を感じてしまうと，さわやかな自己表現などどこかに吹っ飛んでしまいます。

　本当に「怒り」は厄介な代物です。

　本章では，この厄介な「怒り」に対してどのように対応すればよいのかを一緒に学びましょう。

イライラするのも「怒り」です。「嫌だ」も「怒り」です。「好きじゃない」というのも「怒り」です。これらを前提にして，次のワークをしてみてください。

ワーク 1　最近，自身が「怒り」を感じたときを思い出してみてください。

_____

_____

_____

_____

ワーク 2　そのとき，あなたはどのように対応しましたか？

_____

_____

_____

_____

　思い出すだけでも不愉快な気分になってしまいますね。

86　第6章　怒りをどうコントロールし表現するのか

2. 「怒り」を感じるときって，どんなとき？

さきほどのワークを振りかえってみてください。「怒り」を感じたときは，自分の権利が侵犯されたと感じたとき，自分が不当に扱われたと感じたとき，自身が窮地に陥いったとき，自身に不全感を持ったとき，他者から反対されたとき，妨害を受けたとき等ではないでしょうか。

キャノン（Cannon, M., 2011）は「怒り」を引き起こす3つの要因を指摘しています。

> 1. その状況や，ある事柄が，アンフェア（もしくは，理不尽，間違っている）であると感じたとき
>
> 2. アンフェア（もしくは，理不尽，間違っている）と感じたことを簡単に正すことができないと感じたとき
>
> 3. 簡単にやり過ごすことができないほど，その経験が耐えがたく，苦痛であるとき

ストレートに「怒り」が表出するときもあります。しかし，「隠された怒り」というのもあります。イライラしたり，他人を責めたり，強い抑うつ状態になったり，ヤケ食い，ヤケ酒等は，「隠された怒り」です。

3. 人間以外の動物にも「怒り」はあるか？

ここで，「怒り」について少し考えてみましょう。

「怒り」を感じるのは高等動物である人間だけでしょうか？

ワーク 3 あなたはペットを飼っていますか？そのペットはどういう種類の生物ですか？彼らは怒ることがありますか？

＿＿＿＿＿＿＿＿＿＿＿＿＿＿＿＿＿＿＿＿＿＿＿＿＿＿＿＿＿＿＿＿＿＿

＿＿＿＿＿＿＿＿＿＿＿＿＿＿＿＿＿＿＿＿＿＿＿＿＿＿＿＿＿＿＿＿＿＿

　動物は大きく分けて，脊椎動物と無脊椎動物に分類できます。脊椎とはいわゆる背骨のことです。人間は脊椎動物のうちの哺乳類に属しています。この他脊椎動物には鳥類，爬虫類，両生類，魚類が属しています。爬虫類とはトカゲやワニが代表的な動物です。両生類にはカエル，イモリが入ります（図1）。

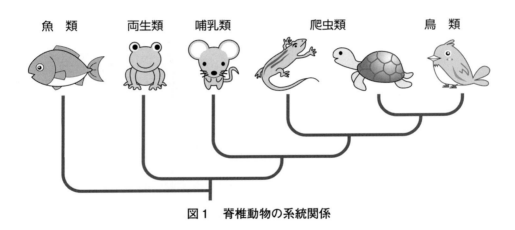

図1　脊椎動物の系統関係

ワーク 4 図1の脊椎動物で，「怒り」という感情を持っている動物は，どれだと思いますか？

□哺乳類　　□鳥類　　□爬虫類　　□両生類　　□魚類

　哺乳類は「怒り」をもっていると回答した人は多かったでしょうね。それ以外は迷われたのではないでしょうか？

図2　霊長類の怒り
（写真提供：京都大学霊長類研究所）

図3　爬虫類の怒り
http://www.sdpnoticias.com/sorprendente/2016/03/25/
se-enoja-y-lanza-serpiente-a-restaurante

　どうです？　みんな，怒ってますね。怒ってる，怒ってるという感じですね。
　では無脊椎動物はどうでしょう？無脊椎動物とは背骨のない動物のことです。昆虫などは無脊椎動物です。「怒り」の感情を持っているでしょうか？

図4　甲殻類の怒り

　どうです？ザリガニも怒って威嚇していますよね。魚類どころか，無脊椎動物のザリガニまでもが「怒り」を持っていることが分かります。「怒り」とは，多くの動物が持っている感情なのです。
　ここで疑問が出てきます。下等な動物でも「怒り」を持っているということは，取りも直さず，進化という過程の中で「怒り」が消えずに残っていたということになります。

3．人間以外の動物にも「怒り」はあるか？　　89

> **ワーク5** なぜ,「怒り」という感情が進化の過程で消えなかったのでしょうか?

4. ネガティブ感情とポジティブ感情

あまり聞きなれない言葉ですが,感情には2種類あります。**ネガティブ感情**と**ポジティブ感情**です。ポジティブ感情とは,喜び,感謝,希望というような感情のことです。ネガティブ感情とは怒り,悲しみ,不安といったような感情のことです。

ネガティブ感情は特定の行動との関連が指摘されています(Tooby & Cosmides, 1990)。たとえば,一般的には,恐怖を感じたら逃げます。怒りを感じたら攻撃します。自然界の中で生き抜くためには,このパターンは生物にとって非常に適応的だったのです。相手に恐怖を感じているのに近づいていけば命を危険にさらしてしまいます。逃げなくてはいけないのです。怒りを感じたら攻撃しなくては相手にやられてしまいます。ネガティブ感情の方が,まさに生きるか死ぬかの選択に適応しているのです。つまりは防衛本能なのです。

整理すると,ネガティブ感情の代表的な「怒り」は防衛本能であり,必要だから進化の過程で生き残ってきたわけです。

5. 「怒り」には隠された別の感情があります！

ここで，次のワークをしてみてください。

ワーク6 ワーク1（p.86）で「怒り」を感じたときのことを書いてもらいましたが，そのとき，その「怒り」の裏に別の感情がありませんでしたか？思い出して書いてみてください。✎

_____

_____

_____

_____

いかがでしたか？「怒り」の裏に別の感情があったのを気づきましたか？

表1 「怒り」の裏の感情

- 無力感
- 見捨てられ感
- 責められたような気持ち
- 裏切られた気持ち
- 無視された気持ち
- 恥をかかされたような気持ち
- 罪悪感
- 圧迫感
- 侮辱されたような気持ち
- 見くびられたような気持ち
- 拒絶されたような気持ち
- 上手くごまかされたような気持ち
- 感謝されていないような気持ち

> **ワーク 7** 表1のような感情を感じたとき，私たちは自分をどのように感じるでしょうか？

_____

_____

_____

_____

　そうです。そういった感情を感じたとき，私たちは自分を「ひ弱」に感じてしまうのです。キャノンはそれを「**心の痛み**」とよんでいます。
　「ひ弱」に感じることは，生命にとってリスクです。そのリスクは避けなければなりません。そこで，防衛本能として，「怒り」が生まれるのです。

6. 「怒り」の効用

　次の文章を読んで，ワークをしてください。

> 　春子さんはあるお店で店員として働いていました。友人で同僚の夏子さんは，よく遅刻をしてきます。その分，気の弱い春子さんがフォローする羽目になることがよくありました。だんだん，春子さんにはそれが負担と感じるようになっていました。
> 　ある日，夏子さんはまたまた遅刻をしてきました。おどけた風にウィンクしながら，春子さんに「へへへ，ゴメン。また，うまくやってね」と言いました。春子さんは，そのとき，怒りが湧くのを覚えました。「もう，許せないっ！」と感じました。
> 　「夏子さん，友だちだと思ってフォローしてきたけど，限界だわ。自分の遅刻は自分で何とかしてっ！」
> 　夏子さんは春子さんの剣幕にビックリしました。それと同時に，今まで春子さんが我慢を重ねてきたことを知りました。そして，優しい春子さんに我慢を強いてきた自分自身を本当に恥ずかしいと思いました。

第6章　怒りをどうコントロールし表現するのか

ワーク8　春子さんが「怒り」を表出したことで，何が起きたでしょうか？起きたことを挙げてみてください。

_____

_____

_____

_____

　春子さんが「怒り」を表出したことで，次のようなことが起きたのではないでしょうか？

1. 「怒り」のおかげで，春子さんの積極的行動につながった。

2. 春子さんのストレスが解放された。

3. ストレスが解放されて，春子さんはすっきりした。

4. 春子さんの「怒り」の表出で，夏子さんは自身を振りかえって反省した。

5. 春子さんは目標（夏子さんの不誠実な態度を変えること）を達成することができた。

6. 夏子さんと包み隠しのない信頼関係につながった。

　「怒り」は勇気を与えてくれるものです。決断する力を与えてくれるものです。行動を起こす力を与えてくれるものです。
　こうやって見てきますと，「怒り」には原始的な防衛本能以外にいろいろな効用があるようですね。

6．「怒り」の効用　93

7. アンガー・マネジメントとは

ここで，今までのことをまとめてみましょう。

> 1.「怒り」は多くの動物が持っている感情である
> 2. 進化の過程で，残るべくして残ってきた自然な感情である
> 3. 身に降りかかるリスクを避ける防衛本能のひとつである
> 4.「怒り」には，隠された「心の痛み」がある
> 5.「怒り」には，決断したり，勇気をくれたり，より高次の効用もある

自然な感情で，その効用もあり，進化の過程で残るべくして残ってきた感情でしたら，一体，各人にとって，何が違うのでしょう？

そうです！

「怒り」をうまく対処している人と，うまく対処できていない人の違いがあるだけです。

「怒り」をうまく対処できる人になるために，「アンガー・マネジメント」が誕生しました。

アンガー・マネジメントは，「怒り」をうまく対処するお手伝いをしてくれます。

> **ワーク 9**　「怒り」を感じ，それをうまく表出できないとき，あなたはどのような行動をとりやすいでしょうか？

―――――――――――――――――――――――――――

―――――――――――――――――――――――――――

―――――――――――――――――――――――――――

―――――――――――――――――――――――――――

　「怒り」を感じたとき，抑うつ状態になったり，相手を責めたり（心の中で），悲しみにくれたり，関係のない人に八つ当たりしたり，ヤケ食いしたり，ヤケ酒を飲んだり等々，私たちはいろいろな行動に出ますね。「怒り」が大きいときは，気づいたらその負の連鎖にはまり込んでいるということもよく経験することです。

　その負の連鎖にはまり込まないように，アンガー・マネジメントを身につけて，「怒り」に対処しましょう！

8. アンガー・マネジメントを身につけよう

　「怒り」にもいろいろなレベルがあります。平木は「怒り」を表2のように，3つのレベルに分類しています。

表2　「怒り」のレベル（平木，2009，p.155）

> 1. マイルドな怒り
>   「好きではない」「同意できない」「イヤだ」という気持ち
> 2. 中程度の怒り
>   「イライラする」「腹立たしい」「反対だ」「煩わしい」と言いたい気持ち
> 3. 強い怒り
>   「頭にくる」「怒鳴る」「ぶん殴ってやりたい」という爆発的な怒り（言葉の表現ではなく，非言語メッセージの方が強烈な怒り）

まずは，自身の「怒り」のレベルを把握することが大事です。平木は，「怒り」のレベルがマイルド～中程度のときに対処することが重要だと述べています。

　第1章で紹介した「他人と過去は変えられない」という言葉を覚えていますか。

　アンガー・マネジメントもこの立場に立ちます。「他人は変えられない」のですから，自分が変わるしかないのです。「怒り」に関しても同じです。3章で学んだように，あなたに「怒り」を感じさせたものは，外界の刺激であり，きっかけに過ぎないと考えます。つまり，相手（もしくは現象）があなたを怒らせたのではなく，相手という外界の刺激がきっかけとなって，あなたが「怒り」を感じたと考えます。

　次に，先述した「怒り」に隠された「心の痛み」に気づくことが重要です。その「心の痛み」が「怒り」をつくっているのですから，「心の痛み」の正体を知ることです。「心の痛み」については91ページの**表1**をもう一度見てください。

　「心の痛み」の正体がわかりましたか？次にすることは，相手の言動（もしくは現象）がきっかけで，あなたがあなたの中に「心の痛み」を生じさせたことを認めることです。そして，この「心の痛み」は，あなたのどのような「思い」「考え」（価値観？）によるものなのかを吟味してみましょう。

✽ 例

　筆者の家では，ゴミ出し（週末に1回）は子どもたちの担当になっています。ですが，子どもたちはこの担当をよく忘れます。そのため，ついつい筆者はイライラした口調で，子どもたちを叱ってしまいます。筆者が疲れているときはその口調がさらに厳しいものになります。子どもたちといってももう青年なのですが…。週末，我が家で繰り返される光景です。

　なぜ子どもたちは忘れることを繰り返すのでしょう。子どもたちにとっては，「ゴミ」がたまってもそう苦にならないのです。十分にたまったときにゴミ出しをすればよいとどこかで思っているのです（価値観）。筆者は1週間分の適度にたまったゴミを出すべきと考えているのです。そもそも，価値観が違うのです。筆者は自分の価値観に従ってゴミ出しを考えているので，週末にゴミ出しができていないとイライラするのです。これだけ言っているのにと裏切られた気分になってしまうのです。そのため，上述のような光景が繰り返されるのです。この裏切られたという気分が「心の痛み」ということになります。

ワーク 10 ワーク6で挙げた「心の痛み」は，あなたのどのような「思い」「考え」によるものでしょうか？

_____

_____

_____

_____

　「心の痛み」を起こしているあなたの「思い」「考え」の正体がわかれば，その「思い」「考え」が相手と共有可能なのかどうか吟味しましょう。

　可能ならば，「心の痛み」（「怒り」ではない）を，相手に冷静にアサーティブに伝えてみましょう。

　「○○○○○のようになって，とても残念です」，「○○○○○のようになって，私は少し悲しいです」などです。このとき，相手の立場への理解のフレーズを入れることはいい方法です。「Aさんは○○○○○のように考えられたのかなと思いますが，…」等です。

　あなたの「思い」「考え」が相手と共有するのがほぼ不可能ならば，別の手段を考えてみましょう。

　「アサーション」では，率直に話し合って一致すればラッキーであると考えます。互いの考えが一致しないことが「人の世」であると考えるのです。そして，**面倒がらずに**，**勇気をもって**，互いの意見を出し合い，譲ったり，譲られたりしながら，双方にとって納得の行く結論を出そうとすることを推奨します。それしか方法はないのだと。

　アンガー・マネジメントも同じなのです。相手とあなたの「思い」や「考え」を共有することが難しいと思ったとき，**面倒がらずに**，**勇気をもって**，互いの意見を出し合い，譲ったり，譲られたりしながら，双方にとって納得の行く結論を出すのです。

　また，2章で学んだように，あなたの責任の上で，相手とあなたの「思い」や「考え」を共有することを諦めることができます。ここで重要なのは，「あなたが，あなたの責任の上で，あなたの行動を決める」ということです。

　今までのことを表にまとめてみましょう。

表3　アンガー・マネジメントの流れ

1. 自分が「怒り」を感じていることに気づき，認めること。

2. 怒りの程度を把握する。

3. 「怒り」のレベルがマイルド～中程度のときに対処する。

4. 他者の言動がきっかけで「怒り」を感じているが，ほかならぬ「自分」が「怒り」の感情を起こしたと認める。

5. 怒りに隠された「心の痛み」の正体を知る。

6. その「心の痛み」の正体が，自身のどのような「思い込み」（価値観）によるものか，把握する。

7. 自身の「思い込み」（価値観）が，ある程度相手に共有可能か吟味する。

8. 相手と共有可能ならば，「心の痛み」（「怒り」ではない）を相手に冷静にアサーティブに伝えてみる。
　　　例：「とても残念です」「少し，悲しいです」
　　　ポイント：相手の立場への理解のフレーズを入れること。

9. 共有することが不可能ならば，別の手段を考えてみる。

9. 他者からの「怒り」への対処

他者から「怒り」を向けられたときの対処法も少し，紹介しておきましょう。8.のあなたの「怒り」の対処と同じです。ただ，相手とあなたが逆になっているだけです。次の表にまとめてみます。

表4　他者からの「怒り」への対処

1．この「怒り」は，相手のものであることを確認する。

2．相手の怒りを否定しない。

3．相手のものとして受け止める。

4．その「怒り」のレベルを把握する。

5．その理由（相手の「怒り」の正体である「心の痛み」）を理解し，それに対応する意志のあることを示す。

6．相手の怒りに対して，自分の気持ちが緊張したり，防衛的になっているとき，その気持ちを言語化しましょう。
　「動揺しています」，「少し，待ってください」等

7．第三者に仲介を頼む，逃げるのも，一考です。

10. アンガー・マネジメントとして，リラクゼーションを身につけましょう！

リラクゼーションとは，広義の意味では休養，息抜きを意味します。狭義には，リラックスした状態へ誘導するための方法を指します。リラクゼーションのための方法にはいくつかあります。そのひとつが呼吸法です。呼吸法は古くからヨガ，気功法，座禅等でも取り入れられています。精神生理学の面からもその意義が認められています（今村，1993）。

いろいろな呼吸法が開発されていますが，ここではシンプルなものを紹介しましょう。

```
┌─── 呼 吸 法 ───┐
│                        │
│ 鼻で息をゆっくりたくさん吸います。   │
│                        │
│ その後，口からゆっくり細く長く      │
│ 息を吐きます。                  │
│                        │
│        （これを数回試す）          │
└────────────────┘
```

ただこれだけですが，随分落ち着きます。
簡単な方法ですが，その効果はかなりあります。
ぜひ試してみてください！

この章をふりかえって

❋ どのくらいわかったか，チェックしてみよう！

よくわかった　　まあまあ　　　あまり　　　わからなかった
　　　　　　　　わかった　　わからなかった

❋ 自分の生活にいかすヒントはあったかな？

あった　　すこしあった　　あまりなかった　　なかった

❋ 心に残ったことなどあったら，書いてみよう！

_____

_____

_____

_____

_____

_____

_____

引 用 文 献

■1章

原田雅浩・尾関友佳子・津田　彰（1992）．大学生の心理的ストレス過程—ストレッサーに対する
　　認知的評価とコーピングおよびストレス反応．九州大学教養部心理学研究報告，*10*，1－16.

平木典子（2009）．アサーション・トレーニング—さわやかな〈自己表現〉のために（改訂版）
　　日本・精神技術研究所

小林洋美・幸島司郎（1999）．コミュニケーション装置としてのヒトの目の進化．電子情報通信学
　　会誌，*82(6)*，601－603.

■2章

Alberti, R.E., & Emmons, M. L. (1990). *Your Perfect Right*. Impact.（菅原憲次・ミラーハーシャ
　　ル（訳）（1994）．自己主張トレーニング　東京図書）

Dickson, A. (1982). *A Woman in Your Own Right*. Quartet Books.（山本光子（訳）（1991）．アサ
　　ーティブネスのすすめ　柘植書房）

平木典子 (1993)．アサーション・トレーニング—さわやかな〈自己表現〉のために　日本・精神技
　　術研究所

平木典子（2007）．自分の気持ちをきちんと伝える〈技術〉—人間関係がラクになる自己カウンセ
　　リングのすすめ　PHP研究所

平木典子（2009）．アサーション・トレーニング—さわやかな〈自己表現〉のために（改訂版）
　　日本・精神技術研究所

茨木のり子（2010）．茨木のり子集　言の葉3　「みずうみ」　ちくま文庫　筑摩書房　p.114.

小川洋子（2017）．朝日新聞（2017.3.1朝刊）

大田　尭（1990）．国連子どもの権利条約を読む　岩波ブックレットNO.156.　岩波書店

Rees, S., & Graham, R. S. (1991). *Assertion Training: How to be who you really are*. Routledge.
　　（高山　厳他（訳）（1999）．自己表現トレーニング—ありのままの自分を生きるために　岩崎
　　学術出版社）

清水真砂子（2015）．大人になるっておもしろい？　岩波ジュニア新書

鷲田清一　折々のことば　朝日新聞（2017.2.25朝刊）

■3章

Ellis, A., & Harper, R.A. (1975). *A New Guide to Rational Living*. New Jersey: Prentice-Hall Inc.
　　（國分康孝・伊藤順康（訳）（1981）．論理療法　川島書店）

グラバア俊子・小山田奈央（2008）．実習　心の四つの窓—ジョハリの窓を活用する　人間関係研
　　究，*7*，161-173.

平木典子（2009）．アサーション・トレーニング—さわやかな〈自己表現〉のために（改訂版）
　　日本・精神技術研究所

Kuhn,M.H., & McPartland,T.S. (1954). An empirical investigation of self-attitudes. *American
　　Sociological Review, 19*, 68-76.

日本学生相談学会（編）　今村義正・國分康孝（責任編集）（1989）．論理療法にまなぶ—アルバー
　　ト・エリスとともに・非論理の思いこみに挑戦しよう　川島書店

■4章

Dunbar, R. (1998). *Grooming, Gossip and Evolution of Language*. Harvard University Press.（松浦俊輔・服部清美（訳）(2016). ことばの起源―猿の毛づくろい，人のゴシップ（改訂版） 青土社）

樋口　進（2013）．ネット依存症　PHP研究所

平木典子（2007）．図解　自分の気持ちをきちんと＜伝える＞技術：人間関係がラクになる自己カウンセリングのすすめ　PHP研究所

平木典子（2009）．アサーション・トレーニング―さわやかな〈自己表現〉のために（改訂版） 日本・精神技術研究所

平成29年版情報通信白書（総務省） http://www.soumu.go.jp/johotsusintokei/whitepaper/ja/h29/pdf/n1100000.pdf 2017.8.13

丸山優樹・柴橋祐子（2013）．日本語版 CYBER−RELATIONSHIP MOTIVES 尺度作成の試み　日本心理学会第77回大会発表，881.

Schino, G., Scucchi, S., Maestripieri, D., & Turillazzi, P. G. (1988), "Allogrooming as a tension-reduction mechanism: a behavioral approach". *American Journal of Primatology, 16*, 43-50.

上野将敬（2016）．霊長類における毛づくろいの互恵性に関する研究の展開．日本動物心理学研究， *66(2)*, 91−107.

■5章

Ekman, P., & Friesen, W. V. (1975). *Unmasking the Face*. New Jersey: Prentice-Hall, Inc.（工藤力（訳編）(1987). 表情分析入門 表情に隠された意味をさぐる　誠信書房）

Fantz, R. L. (1963). Pattern vision in newborn infants. *Science, 140*, 296-297.

平木典子（2009）．アサーション・トレーニング―さわやかな〈自己表現〉のために（改訂版） 日本・精神技術研究所

國分康孝（1980）．カウンセリングの理論　誠信書房

工藤　力・下村陽一（1999）．不一致メッセージに関する研究　大阪教育大学紀要，*47(2)*, 449−469.

Mehrabian, A. (1968). The inference of attitude from the posture, orientation, and distance of a communication. *Journal of Consulting and Clinical Psychology, 32*, 296-308.

高橋慶治（2010）．NLP 神経言語プログラミング　第二海援隊

八代京子・町恵理子・小池造子・吉田知子（2009）．異文化トレーニング―ボーダレス社会を生きる（改訂版）　三修社

■6章

Cannon, M. (2011). *The Gift of Anger*. Oakland: New Harbinger Publications.（山本えりこ（訳）(2013). プロカウンセラーが教える「怒り」を整理する技術　日本実業出版社）

平木典子（2009）．アサーション・トレーニング―さわやかな〈自己表現〉のために（改訂版） 日本・精神技術研究所

今村義正（1993）．呼吸法　國分康孝（編）カウンセリング辞典　誠信書房　p.183.

Tooby, J., & Cosmides, L. (1990). The past explains the present: emotional adaptations and the structure of ancestral environments. *Ethology and Sociobiology, 11*, 375−424.

監修者紹介

平 木 典 子
ひら き のり こ

1959年　津田塾大学学芸学部英文学科卒業
1964年　ミネソタ大学大学院教育心理学修
　　　　士課程修了
現　在　日本アサーション協会代表

主な著書

図解　自分の気持ちをきちんと＜伝える＞
　技術　　　　　　　　　　　（PHP研究所）
アサーション入門　　　（講談社現代新書）
アサーション・トレーニング（改訂版）
　＝さわやかな＜自己表現＞のために
　　　　　　　　　　（日本・精神技術研究所）

著者紹介

宮 崎 圭 子
みや ざき けい こ
（1，3，5，6章担当）

2000年　立正大学大学院文学研究科後期博
　　　　士課程単位取得研究指導修了満期
　　　　退学
現　在　跡見学園女子大学教授
　　　　博士（文学）

主な著書

サイコエデュケーションの理論と実際
　　　　　　　　　　　　　　　（遠見書房）
図解雑学　臨床心理学　（共著，ナツメ社）
カウンセリング心理学　　（共著，培風館）

柴 橋 祐 子
しば はし ゆう こ
（2，4章担当）

2002年　東京学芸大学大学院連合学校教育
　　　　学研究科後期博士課程修了
現　在　千葉工業大学情報科学部准教授
　　　　博士（教育学）

主な著書

青年期の自己表明に関する研究　（風間書房）
教育心理学の基本理解　　（共著，同文書院）
アサーショントレーニング＝自分も相手も大
　切にした自己表現　　　　（共著，至文堂）

Ⓒ　平木典子・宮崎圭子・柴橋祐子　2018

| 2018年 3月30日 | 初 版 発 行 |
| 2023年 3月24日 | 初版第4刷発行 |

対人関係のスキルを学ぶ
ワークブック

監修者	平木典子	
著　者	宮崎圭子	
	柴橋祐子	
発行者	山本　格	

発行所　株式会社 培 風 館
東京都千代田区九段南4-3-12・郵便番号 102-8260
電話(03)3262-5256(代表)・振替 00140-7-44725

港北メディアサービス・牧 製本

PRINTED IN JAPAN

ISBN 978-4-563-05250-8　C3011